영어 글쓰기의 기본 2
The Elements of Usage

영어 글쓰기의 기본 2
The Elements of Usage

초판 발행　2011년 3월 24일
3쇄 발행　2022년 3월 15일

지은이　조서연
펴낸이　이송준
펴낸곳　인간희극
등　　록　2005년 1월 11일 제319-2005-2호
주　　소　서울특별시 동작구 사당동 1028-22
전　　화　02-599-0229
팩　　스　0505-599-0230
이메일　humancomedy@paran.com

ISBN 978-89-93784-08-4　03740

• 잘못 만들어진 책은 구입하신 곳에서 바꾸어 드립니다.
• 값은 뒤표지에 표기되어 있습니다.

영어 글쓰기의 기본 2
The Elements of Usage

조서연 지음

인간희극

들어가며

 영작문의 고전 "The Elements of Style"을 "영어 글쓰기의 기본"이라는 제목으로 번역하던 4년 전, 타고 난 무딘 성격에도 불구하고 원작의 유명세에 따른 적잖은 부담감을 느꼈던 기억이 새삼 떠오른다. 그런데 이번엔 한술 더 떠서 그 유명한 원작의 뒤를 잇는 시리즈를 직접 집필하는 막중한 책임을 떠안고 말았다. 그러나 이런 책임감과 잦은 해외출장의 압박 속에서도 책을 쓸 때는 언제나 즐겁고 행복했으며, 그렇게 탄생한 결과물이 바로 이 책 "영어 글쓰기의 기본 2"이다. 부담감 끝에 탄생한 전작이 수많은 독자들의 사랑을 받은 점에 힘입어 이번 책 역시 독자들의 기대감에 부응할 수 있기를 희망하면서 간략하게 이 책에 대해 소개하고자 한다.

 윌리엄 스트렁크의 영어 글쓰기의 기본(The Elements of Style)이 정확한 영작문을 위한 기본 규칙들과 군더더기 없는 깔끔한 문장을 쓰기 위한 조언들을 제시했다면 이번에 내놓는 영어 글쓰기 기본 2(The Elements of Usage)는 문법, 독해, 회화 등 모든 영어 실력의 총합이 되는 영작문 실력의 밑바탕을 튼튼하게 다지기 위한 기본 규칙(Rule)들과 조언(Tip)들을 선별하여 수록하였다(특히 각 품사별 Usage에 중점을 두었다). 그 동안 영어 강사로, 또 통번역사로 활동하면서 차곡차곡 쌓인 지식과 경험을 토대로 집필하는 동안 내내 잃지 않았던 마음은 '이미 포화 상태에 이른 영어 교재 시장에 뭔가 새로운 것을 색다른 방식으로 더할 수 있는 자신이 있는가'하는 지속적인 자문(自問)이었다. 사실 한 권의 책에 영작문과 관련된 모든 사항들을 완벽하게 담는다는 것은 제 아무리 큰 사전이라 해도 불가능할 것이다. 그렇다면 좀더 정확해질 필요가 있지 않을까? 이것이 필자가 내린 결론이다. 즉 출발점에서의 1mm 오차가 최종목적지에서는 엄청난 거리의 격차를 벌이는 기나긴 여정처럼, 영어학습의 장도에 선 독자들에게 처음부터 학습의 방향을 세밀하고도 정확하게 잡아주어 엉뚱한 곳에서 고생하지 않고, 최단거리로 원하는 영어실력에 도달할 수 있도록 돕는 것이다. 그러기 위해서 필자는 학습의 방향을 세밀하게 조준하는 최선의 예시들을 엄선하는 데 가장 큰 역점을 두었다.

각 장의 시작에 앞서 품사별로 적절한 학습법을 밝히고 있으므로 여기에서는 다음과 같은 가장 중요한 원칙을 언급하며 마무리 지으려 한다.

'즐겨라(Have fun)!'

논어(The Analects of Confucius)에는 좋은 구절이 참 많지만 필자가 특히 좋아하는 부분은 "아는 것은 좋아하는 것만 못하고 좋아하는 것은 즐기는 것만 못하다(Knowing it is not as good as liking it; liking it is not as good as enjoying it)"라는 구절이다. 세상 모든 일에 적용될 수 있는 이 구절은 영어학습에서도 예외가 아니다. 즐기는 사람은 가만히 내버려둬도 벌써 저만치 앞서간다.

목차 ▶▶▶

들어가며 ··· 4

1. 명사 쓰기의 기본 규칙들 ···10

Rule 1   접두사에 주목하면 명사의 다양한 뜻이 보인다. *11*
Rule 2   세월이 흘러도 변치 않는 불가산명사(uncountable noun)를 정확히 구분하여 사용하라. *12*
Rule 3   복수처럼 생긴 단수형에 유의하라. *14*
Rule 4   명사의 형태에 따른 의미변화에 주목하라. *15*
Rule 5   유사한 스펠링에 절대 현혹되지 마라. *17*
Rule 6   비슷하지만 쓰임새가 다른 명사에 주의하라. *20*
Rule 7   단어 강세 무시하다 큰 코 다친다. *23*
Rule 8   뜻이 익숙한 명사일수록 두드려 살펴라. *25*
Rule 9   연어(collocation)에 강해지면 영어가 자연스러워진다. *30*

2. 형용사 쓰기의 기본 규칙들 ·· 32

Rule 1   형용사는 반드시 명사 앞에만 온다? *33*
Rule 2   품사가 바뀌는 형용사에 주의하라. *35*

Rule 3	한정적 용법일 경우와 서술적 용법일 경우 의미가 달라지는 형용사에 유의하라. *39*
Rule 4	-ful로 끝난다고 항상 형용사는 아니다. *41*
Rule 5	어근이 같아도 정반대의 길을 간 형용사들이 있다. *42*
Rule 6	미묘하게 뜻이 다른 형용사들에 유의하라. *44*
Rule 7	접미사 -ible로 끝나는 유용한 형용사들 *50*
Rule 8	형용사와 명사의 특이한 연어(collocation) *51*

3. 동사 쓰기의 기본 규칙들 ········· 58

Rule 1	과거시제랑 현재완료랑 도대체 뭐가 다른 거야? *59*
Rule 2	현재를 의미하면서도 과거시제를 쓰는 경우가 있다. *61*
Rule 3	동사의 영원한 숙제, 자동사와 타동사. *63*
Rule 4	형용사나 부사만 비교급을 만들 수 있다? *66*
Rule 5	접두사가 동사에 비유적 의미를 추가할 수 있다. *67*
Rule 6	동사와 명사 목적어의 연어(collocation)에 유의하라. *70*
Rule 7	동사의 뜻밖의 의미에 주의하라. *71*
Rule 8	유래를 알면 더 확실히 기억되는 동사들을 체크해두자. *73*
Rule 9	동사의 뉘앙스에 유의하라. *75*
Rule 10	어근이 같은 동사끼리는 묶어두자. *76*

Rule 11   시대가 바뀌면 동사도 바뀐다. *77*

Rule 12   문장의 형식에 따라 동사의 의미도 바뀐다. *79*

Rule 13   구어체에서는 한 단어의 동사(one-word verb)보다 동사구(phrasal verb)가 더 자연스럽다. *80*

4. 전치사 쓰기의 기본 규칙들 ·················· 82

Rule 1   전치사 뒤에는 명사만 온다? *83*

Rule 2   전치사 in이 시간의 경과를 의미할 때도 있다. *84*

Rule 3   전치사 하나가 큰 차이를 만든다. *85*

Rule 4   명사와 전치사의 연어(collocation) *86*

Rule 5   분사의 탈을 쓴 전치사 *88*

Rule 6   전치사 to와 to부정사의 to를 구별하라. *89*

Rule 7   전치사 with를 이용한 분사구문 *91*

5. 부사 쓰기의 기본 규칙들 ·················· 94

Rule 1   동의어라도 용법이 다른 부사에 주의하라. *95*

Rule 2   방향을 가리키는 부사들 -ward/-wards *96*

Rule 3   -ly로 끝난다고 모두 부사는 아니다. *97*

| Rule 4 | 특이한 의미의 부사들에 유의하라. *98* |
| Rule 5 | 부사와 형용사의 형태가 같은 경우에 유의하라. *101* |

6. 문화 쓰기를 위한 조언 ·· 102

7. 어원 쓰기를 위한 조언 ·· 142

8. 관용구 및 구어체 쓰기를 위한 조언 ································ 160

9. 콩글리쉬 다시 쓰기 ·· 190

부록- 어휘량 늘리는 비법 ·· 204

INTRO.

 통역대학원에 입학하기 직전까지 거의 8년을 근무했던 파고다외국어학원 원장은 초등학교 시절에 가족을 따라 캐나다로 이민 가서 그곳에서 대학까지 졸업한 캐나다 시민이었다. 미국이나 캐나다에 오래 살았다고 해서 반드시 영어를 잘하는 건 아니지만 그 원장님은 영어와 한국어를 둘 다 원어민처럼 훌륭하게 구사하는 분이었다. 강사 채용 영어 인터뷰도 본인이 직접 했는데, 어느 날 나에게 자신이 지원자의 영어 실력을 판단하는 단 하나의 기준에 대해서 말해주었다. 어떤 주제에 대해서 질문을 던져놓고 지원자가 정관사, 부정관사를 명사와 함께 얼마나 올바르게 사용하는지만 귀 기울여 듣는다는 것이다. 명사를 단수로 할지 복수로 할지, 부정관사를 붙여야 할지 정관사를 붙일지, 아니면 무관사(zero article) 처리 할지를 순간적으로 판단해서 원어민처럼 구사해낼 수 있다면 다른 실력은 볼 필요도 없다는 것이다. 그만큼 명사, 관사와 관련된 규칙이 익히기 쉽지 않다는 뜻이기도 할 것이다. 명사 앞에 관사를 제대로 붙이기(혹은 안 붙이기) 위해서는 보통명사인지, 추상명사인지, 가산명사인지, 불가산명사인지 등과 같은 명사의 성질을 정확하게 파악하고 있어야 한다. 명사를 사용할 때 또 하나 기억할 것은 연어(collocation) 관계이다. 명사는 문장을 이루는 가장 근본적인 요소이기 때문에 연어를 이룰 수 있는 품사도 다양하다. 명사 앞에 오는 전치사, 명사를 수식하는 형용사, 명사를 목적어로 받을 수 있는 동사 등 서로 자주 어울리는(collocate) 쌍(pair)의 모임(pool)을 머리 속에 두둑하게 비축하고 있을 때 영어를 어색하지 않고 자연스럽게 구사해낼 수 있다.

1. 명사 쓰기의 기본 규칙들

> **Rule 1**
>
> 접두사에 주목하면 명사의 다양한 뜻이 보인다.

- **abuse vs. misuse**

abuse와 misuse는 어근 use를 공유하고 있다. bad, wrong을 의미하는 접두사 mis-와 결합되면 '오용하다(use improperly)'라는 뜻이 되고 up, away를 의미하는 접두사 ab-와 결합되면 '남용하다(use up)'는 의미를 갖는다. 두 단어 모두 형태 변화 없이 동사, 명사로 사용할 수 있지만 동사의 경우는 use의 s가 /z/로, 명사의 경우는 /s/로 발음한다는 것에 유의하자. abuse는 실제로 '남용'의 의미보다는 '학대,' '폭력,' '(권리의) 침해' 등의 의미로 더 자주 사용된다.

The Constitutional Court of Thailand dismissed charges that the ruling Democratic Party had misused an official election fund.
태국 헌법재판소는 집권 여당인 민주당이 공식선거자금을 부정 사용했다는 소송을 기각했다.

His abuse was not only verbal but also physical.
그는 언어폭력 뿐 아니라 신체적 폭력도 행사했다.

The United Nations General Assembly adopted a resolution denouncing human rights abuses in

North Korea.
UN 총회는 북한에서 자행되는 인권침해를 규탄하는 결의안을 채택했다.

Alcoholics Anonymous is a support group for alcohol abusers and their family members.
AA는 알코올 중독자와 그 가족을 위한 모임이다.

Rule 2

세월이 흘러도 변치 않는 불가산명사(uncountable noun)를 정확히 구분하여 사용하라.

'맨큐의 경제학(Principles of Economics)'으로 유명한 하버드대 맨큐(Gregory Mankiw) 교수는 새해 첫날 뉴욕타임스 지면을 통해서 향후 2년간 '여소야대' 정국을 이끌어가야 할 버락 오바마 대통령에게 조언을 하는 편지를 썼다. 편지의 제목은 How to Break Bread With the Republicans, 즉 "공화당 의원들과 식사하는 법"이다. 장기 계획에 집중하라(Focus on the long run), 부의 재분배(adjust the slices of the economic pie)를 할 것이 아니라 기회를 확대하여 파이 자체를 키워라(expand the pie by providing greater opportunity for all) 등 다섯 가지 제안을 한 후 다음과 같이 편지를 마무리했다.

Let me propose a New Year's resolution for you: Have a beer with a Republican at least once a week. The two of you won't necessarily agree, but you

might end up with a bit more respect for each other's differences.
새해의 결의를 하나 제안하죠. 일주일에 적어도 한 번 공화당 인사와 맥주를 한 잔 하세요. 물론 그렇게 한다고 서로 의견 일치를 볼 수는 없겠지만 견해차를 더 존중하게 될 것입니다.

맥주를 한 잔 하라고 제안하는 표현을 보면 a glass of beer 또는 a bottle of beer와 같이 beer를 담는 용기(vessel)를 세는 것이 아니라 불가산명사로 널리 사용되어왔던 beer를 직접 세고 있는 것을 알 수 있다. beer, coffee, wine 등과 같이 불가산명사로만 사용되던 단어들이 세월이 흐르면서 복수어미 -s가 슬쩍 붙어 가산명사로 활용되는 것이다. 반면 시간이 아무리 지나도 절대 가산명사로 탈바꿈하지 않는 소위 '절대 불가산명사'들이 있다. 이들은 복수어미 -s를 붙일 수도 없고, 부정관사 a/an과 함께 사용될 수도 없으며 가산명사와 함께 오는 한정사 many, few, a few 등과도 사용될 수 없다. 사용 빈도수가 높으면서 혼돈하기 쉬운 절대 불가산명사의 예로, advice, baggage(luggage), bread, equipment, furniture, garbage(rubbish), information, knowledge, machinery, scenery 등이 있다.

We are looking for a suite of furniture for our master bedroom.
안방에 넣을 가구 세트를 사려고 하는데요.

You can always count on him for a comforting piece of advice.
그 사람에게 가면 항상 위로가 되는 충고를 받을 수 있지.

I'm heading out to buy a loaf of bread. Do you want anything from the bakery?
식빵 사러 나가는 길인데 혹시 필요한 거 있어?

Rule 3

복수처럼 생긴 단수형에 유의하라.

단수명사에 -s가 붙어서 복수명사로 변하는 것이 일반적이지만 -s로 끝나면서도 단수명사로 쓰이거나, 단수와 복수명사가 둘 다 -s로 끝나는 명사들도 있다. 학문 이름(economics, ethics, gymnastics, logics, mathematics, physics, politics, statistics), 질병 이름(measles, mumps, rabies), 게임 이름(billiards, cards, checkers, darts, dominoes, marbles) 등은 -s로 끝나고 있지만 모두 단수로 취급한다. crossroads, headquarters, means, series, species 등은 단수와 복수가 둘 다 -s로 끝나면서 동일한 형태를 갖고 있기 때문에 문장 속에서 단수, 복수 여부를 구별하는 방법밖에 없다.

We came to a crossroads.
우리는 갈림길에 도달했다.

I am at a crossroads in my life.
나는 인생의 갈림길에 서 있다.

Money is a means to an end.
돈은 목적을 위한 수단일 뿐이다.

He hardly works out, so I gave him a bicycle as a means to an end.
그는 운동을 거의 하지 않는다. 그래서 나는 (그를 운동시키겠다는) 목적을 달성하기 위한 수단으로 자전거를 주었다.

Newspapers and TV are means of mass-

communication.
신문과 TV는 매스컴의 매체들이다.

Our headquarters is/are in Seoul.
우리 본사는 서울에 있다.(단수, 복수 동사가 다 올 수 있음)

This rare bird has become an endangered species.
이 희귀한 새는 멸종위기에 처한 종이 되었다.

Rule 4

명사의 형태에 따른 의미변화에 주목하라.

1) authority, authorities, an authority

분명 동일한 단어인데 관사의 유무, 복수형 어미 사용 여부에 따라 뜻이 요리조리 바뀌는 단어들이 간혹 있는데 그 중 하나가 authority이다.'권위','권한'을 의미하는 추상명사로 사용되면 관사 없이 무관사(zero article)로, 특정 사안을 관할하고 있는 관계당국을 의미할 때는 항상 복수로, 어떤 문제에 관한'권위자','전문가'를 의미할 때는 보통명사로 쓰여 부정관사 an과 함께 쓰는 등 의미에 따라 사소한 변신을 시도하는 단어이다.

Who gave you the authority to search my room?
도대체 무슨 권한으로 내 방을 뒤지는 거야?
(*이 예문에서는 to 부정사가 authority의 의미를 한정하고 있기 때문에 정관사가 붙었다. 원래는'He has authority over the matter.'처럼 무관사로 처리된다.)

I think we need to report this case to the authorities.
이 사건은 관계당국에 알려야 할 것 같아.

She is an authority on intelligence.
그녀는 (기밀) 정보 분야 전문가이다

2) spirit vs. spirits

어떤 일을 바람직한 태도로 잘 하고 있다고 칭찬하거나 격려할 때 "That's the spirit(그렇지, 좋은 자세야)!"라고 표현한다. 이 관용구에서와 같이 spirit는 '정신'을 의미하거나, 또는 soul과 같은 의미로 '영혼'을 뜻한다. evil spirit라고 하면 '귀신'을 뜻하기도 한다. 그러나 복수 어미 -s가 붙으면 기분 상태(feelings, state of mind)를 묘사하는 단어로 바뀐다(참고로 spirits는 술의 일종인 '증류주'라는 의미도 있다). 보통 전치사 in과 함께 쓰이는 경우가 많은데 be in high spirits라고 하면 기분이 아주 좋은 상태, be in low spirits하고 하면 우울해서 기분이 나쁜 상태를 묘사한다. 또한 spirit에 -ed를 추가하여 high-/low-spirited와 같이 형용사 형태로 사용할 수도 있다.

Everyone was in high spirits during the company retreat.
회사 수련회 기간 동안 모든 직원들이 기분이 좋았다.

The movie will definitely lift your spirits.
그 영화를 보면 틀림없이 기분이 좋아질 거야.

The music raised my spirits a little.
그 음악이 내 기분을 약간 달래주었다.

Rule 5

유사한 스펠링에 절대 현혹되지 마라.

1) corpse vs. corps

이 두 단어는 생김새는 비슷하지만 전혀 관련이 없다. 시체를 뜻하는 corpse는 마지막 모음 e를 제외한 모든 글자가 소리가 나는 반면, '구체적인 임무를 지닌 그룹'을 의미하는 corps는 p와 s가 묵음(silent letters)이다. 복수형은 단수형과 형태는 같지만 마지막 s를 /z/로 발음한다. corps는 우리말로 '단', '군', '대' 등으로 해석되며 주로 다른 명사와 결합한 복합명사(compound noun)의 형태로 사용된다. 예를 들어, peace corps(평화봉사단), marine corps(해병대), foreign press corps(외신 기자단), diplomatic corps(대사 모임), 재해 복구(disaster relief)에 파견되는 군대인 engineer corps(공병대, 공병단) 등이 있다.

The corpse was barely recognizable.
시체는 거의 알아볼 수 없었다.

The U.S. Ambassador to Korea served as a Peace Corps volunteer in Korea in the 1970s.
주한 미국 대사는 1970년대에 평화봉사단원으로 한국에서 일했다.

Marine corps are known for having a very tough training program.
해병대는 훈련 프로그램이 힘들기로 유명하다.

2) resume vs. résumé

resume(시작하다, 재개하다) 동사와 스펠링은 같은데 e 위에 영어의 강세(stress) 표시와 비슷한 것이 찍혀 있는 단어가 있다. 이 표시는 프랑스어 알파벳 e위에 붙어서 e가 /e/로 발음된다는 것을 알려주는 '악상떼귀'라는 이름을 가진 부호이다. 악상떼귀가 붙은 résumé는 이력서를 뜻하는 단어로 미국 영어에서 주로 사용되며, 영국 영어에서는 curriculum vitae를 줄인 CV를 흔히 쓴다. 이력서에 학력이나 주요 경력을 소개할 때는 chronological order(연대순, 발생순)보다는 reverse chronological order(역연대순, 즉 현재에서 과거)로 기록하는 것이 일반적이다. 또한 이력서를 보낼 때는 딱딱한 형식의 이력서에 담지 못했던 자신의 강점(strengths)을 편지 형식을 빌어서 채용담당자에게 간결하게 소개하는데 이것을 résumé를 덮는 편지라고 해서 cover letter라고 부른다.

You need to send a CV with the job application.
지원서와 함께 이력서를 보내야 합니다.

My sister is interning at the parliament, because she believes it will look good on her CV.
여동생은 이력서 장식 목적으로 의회에서 인턴을 하고 있어.

Employers tend to prefer the reverse chronological order.
고용주들은 역연대순 기록을 선호하는 경향이 있다.

3) morning vs. mourning

2010년 4월 '카틴 숲 학살 사건' 추모 행사에 참석하기 위해 러시아로 향하던 폴란드 대통령 부부와 정부 주요 인사들을 태운 비행기가 추락하여 탑승자 전원이 사망한 참사가 발생했다. 대통령 부부와 정부 주요 관리들을 하루아침에 잃은 폴란드는 전국이 슬픔에 잠기게 되었는데 이를 묘사하면서 세계 주요 언론들이 채택한 헤드라인이 'A nation in mourning'이었다. mourn은 '죽음을 애도하고 슬퍼하다'는 의미로 사용하는 동사이다. 장례식장(funeral home/parlor/chapel)에서 열리는 장례식(funeral)에 참석하는 친지나 친구, 즉 문상객은 mourner라고 한다. 장례식에서는 고인을 기리는 송덕문(eulogy)이 낭독되고 참석자들은 유가족(bereaved family)에게 애도의 뜻을 표한다(offer condolences).

The flags were at half-mast as a sign of mourning for the dead president.
서거한 대통령에 대한 애도의 표시로 조기가 걸렸다.

Few would mourn the death of the mean greedy Scrooge.
비열하고 탐욕스러운 스크루지 영감의 죽음을 슬퍼할 사람은 거의 없을 것이다.

Thousands of mourners followed the singer's coffin through the streets.
거리에는 수천 명의 애도하는 팬들이 가수의 관을 따라왔다.

Please accept my condolences over your father's death.
돌아가신 아버님께 애도를 표합니다.

Rule 6

비슷하지만 쓰임새가 다른 명사에 주의하라.

1) client, customer, guest, patron

우리말의 '고객'과 '손님'이라는 두 단어는 풍기는 뉘앙스가 다르고 실제 쓰임새도 차이가 난다. 영어에서도 client, customer, guest, patron 등의 단어들은 의미가 유사해 보이지만 쓰임새는 상이하다. 집을 찾아오는 손님, 호텔, 스파, 레스토랑 등과 같은 접객 서비스(hospitality services)를 이용하는 손님은 guest, 변호사, 회계사 등과 같은 전문직 종사자가 상대하는 고객은 client, 가게에 물건을 사러오는 손님의 경우는 가장 포괄적인 단어 customer로 구별하여 사용한다. patron도 customer와 의미는 같지만 다소 딱딱한(somewhat formal) 문맥에서 사용된다. 단골손님의 경우는 a regular customer 또는 a regular라고 하고, 자주 들른다는 의미의 동사 표현이 필요한 경우는 hang out 또는 frequent(주의: 형용사로 사용될 때는 강세가 1음절에 있지만 동사로 쓰이면 2음절로 옮겨감), 단골로 이용하는 장소 자체를 가리킬 때는 a hangout을 사용할 수 있다.

I am a regular at this bar/pub.
나는 이 술집 단골이야.

I often hang out at this coffee shop.
나 이 커피숍 자주 오는 편이야.

He frequents the bar, since he likes the western

atmosphere of the place.
그는 그 술집의 서구적인 분위기가 좋아서 자주 간다.

This pool hall is our favorite hangout.
이 당구장이 우리의 아지트야.

2) job, occupation, profession, trade, vocation, calling

직업을 가리키는 단어는 여러 개가 있지만 단어마다 약간씩 의미 차이가 있고 쓰임새도 상이하다. 직업이라고 말할 때 가장 일반적으로, 어느 곳에서나 쓸 수 있는 가장 만만한 단어는 물론 job이다. 그런데 공공 기관이나 은행 등에서 사용하는 양식에 직업을 써 넣는 칸에는 보통 occupation이라고 쓰여 있다. 이는 occupation이 job보다 더 딱딱한(more formal) 표현이라는 것을 뜻한다. 비교적 오랜 교육 기간을 필요로 하는 전문직은 profession, 숙련된 노동(skilled labor)을 요구하는 직업은 trade이다. calling은 특별한 부르심(call)을 받아서 하는 소명으로서의 직업을 의미하기 때문에 의사, 교사, 성직자와 같이 남다른 신념이 필요한 직업에만 한정되어 사용된다. vocation의 어원은 부르다(call)는 의미를 지닌 라틴어 vocare에서 유래했기 때문에 calling과 마찬가지로 하늘의 부르심을 받아서 하게 된 직업, 즉 천직이란 의미를 갖는다. 다른 단어와 결합하여 복합어를 이룰 때도 같이 어울리는 단짝이 있기 때문에 짝짓기(pairing up)에 주의할 필요가 있다. 업무만족도는 job satisfaction, 업무내용은 job description, 직업학교는 vocational school, 직업훈련은 vocational training, 직업병은 occupational disease, 미국에서는 labor union이라고 불리는 노조가 영국에서는 trade union

이라고 불리는 등 자연스러운 짝이 있기 때문에 복합어로 사용할 때도 알맞은 단어를 골라서 사용해야 한다.

Thousands of workers lost their jobs when the plant was relocated to China.
공장이 중국으로 이전되었을 때 수천 명의 근로자가 일자리를 잃었다.

Please state your name, age and occupation on the form.
양식에 이름, 나이, 직업을 기입해 주세요.

She is a lawyer by profession.
그녀의 직업은 변호사이다.

He is an electrician by trade.
그의 직업은 전기기술자이다.

He believes it is his calling to become a priest.
그는 신부가 되는 것이 자신의 소명이라고 믿고 있다.

Teaching children should be a vocation.
아이들을 가르치는 일은 소명으로 생각해야 한다.

Rule 7

단어 강세 무시하다 큰 코 다친다.

1) bufFAlo or BUFfalo

 학원 강사 시절 수업을 듣던 한 직장인 학생으로부터 들었던 이야기이다. 회사 출장으로 미국을 여행 하던 중 뉴욕 JFK 공항에서 버팔로로 가는 비행기를 갈아타려고 하는데 연결편 비행기(connecting flight)를 타러 가는 길을 찾을 수가 없었다고 한다. 지나가는 미국인 몇 명을 붙잡고 길을 물어보았지만 모두 어깨를 으쓱하는 제스처만 취한 채 가버렸다고 한다.'간단한 문장으로 물어보는데 왜 못 알아들을까?'좌절한 학생. 알고 보니 문제는 단어의 강세(stress)였다. 그 학생은 buf-FA-lo라고 2음절에 강세를 넣어 발음을 했는데 여차저차해서 결국 도와 준 미국인은 "Ah, you mean BUF-fa-lo?"라고 1음절에 강세를 넣어서 읽더라는 것이다.'그까짓 강세 하나 잘못 찍었다고 사람 말을 못 알아듣고 그렇게 고생을 시키다니, 이 오만방자한 미국인들'이라고 생각할 수도 있겠지만 실제로 단어의 강세는 의미 전달에 생각보다 큰 역할을 한다. 비영어권 국가 사람들이 구사하는 영어를 들어보면 소위 지식인들도 단어에 강세를 잘못 찍어 발음하는 것을 흔히 볼 수 있다. 이는 학습 과정에서 잘못 배운 경우도 있겠지만 모국어의 특색이 반영되어 나타나는 현상일 수도 있다. de-VEL-op이라고 읽어야 할 것을 DE-vel-op이라고 읽는 등의 강세 실수를 하거나 발음 방식도 모국어의 간섭을 받아 표준영어 발음과 거리가 멀어지게 되면 악센트(국가나 지역 특유의 말씨)가 강한(strong/thick accent) 영어를 구사하게 되는 것이다. 반면 영어가 모국어가 아닌 사람에게 "You speak English without an accent."라고 말하면 원어민처럼 영어를 구사한다는 뜻으로 상당한 칭찬(quite a compliment)이 된다.

> He speaks English with a strong Indian accent.
> 그는 심한 인도 영어를 구사한다.
>
> Where are you from? I can't place your accent.
> 출신 지역이 어디신가요? 어느 지역 말씨인지 알 수가 없네요.
>
> She is concerned that her kids might pick up Singaporean accent and Singlish if she sends them to schools there.
> 그녀는 아이들을 싱가포르에 있는 학교에 보낼 경우 싱가포르 악센트나 싱가포르식 영어 표현을 익히게 될까봐 걱정하고 있다.

2) CONvict or conVICT?

한편 품사가 바뀌면서 강세(stress)의 위치가 덩달아 바뀌는 단어도 있다. convict의 경우에는 2음절에 강세를 넣어서 con-VICT라고 읽으면 '유죄 선고를 내리다'는 의미의 동사가 되고 1음절에 강세를 넣어서 CON-vict라고 읽으면 이미 '유죄 선고를 받은 사람,' 즉 '죄수,' '기결수'를 뜻하는 명사가 된다. 여기서 파생되어 이전에 유죄선고를 받은 경력이 있는 사람, 즉 전과자는 ex-convict를 줄여 ex-con이라고 한다. 동사 convert의 경우도 동일하게 변한다. 강세를 2음절에 넣어서 con-VERT로 읽으면 '~를 개조하다,' '개종시키다,' '전향시키다'는 의미의 동사로 쓰이지만 1음절에 강세를 넣어서 CON-vert로 읽으면 '개종자,' '전향자'를 뜻하는 명사가 된다.

There wasn't enough evidence to conVICT him.
그에게 유죄 선고를 할 만큼 증거가 충분하지 못했다.

He looks like a CONvict.
그는 전과자처럼 생겼다.

This sofa conVERTs into a bed.
이 소파는 침대로 개조될 수 있다.

He was conVERTed to Islam.
그는 이슬람교도 개종했다.

She is a CONvert to Christianity.
그녀는 기독교 개종자이다.

Rule 8

뜻이 익숙한 명사일수록 두드려 살펴라.

1) cause

잘 알고 있다고 생각했던 단어가 내가 알고 있는 뜻으로는 해석이 안 되면서 배신감을 느끼게 하는 경우가 있다. 우리말 단어들은 뜻과 1:1 대응을 이루는 경우가 많지만 영어 단어들은 여러 가지 뜻을 가진 다의어가 유달리 많다. 예를 들어, 'cause'는 '원인'이라는 명사, '~을 일으키다'는 동사로 흔히 사용되지만

'여러 사람이 지지하는 목표,'' 원칙,'' 대의,'' 운동' 등의 의미로도 제법 자주 사용된다.

> You're working for a good cause.
> 참 좋은 일 하시네요.

> Her life was devoted to the cause of social justice.
> 그녀의 삶은 사회적 정의라는 대의에 바쳐졌다.

> The marathon race is open to anybody who wants to help raise funds for a good cause like helping cancer patients.
> 마라톤 경주는 암 환자 돕기와 같은 좋은 대의를 위한 기금 모금 지원을 희망하는 모든 사람들이 참여할 수 있다.

> I do respect philanthropists, like Bill and Melinda Gates, who donate so much money to good causes.
> 나는 많은 돈을 좋은 일에 기부하는 빌 게이츠 부부 같은 자선 사업가들을 존경한다.

2) My car's in the garage.

우리말에서도 자신의 차가 수리 중일 때, "내 차 지금 정비소에 있어."라고 표현하는 것처럼 영어에서도 "My car's in the garage."라고 하면 단순히 차의 위치를 말하는 것이 아니라 차가 수리 중임을 의미한다. garage가 '차고'란 뜻 이외에도 정비공(mechanic)이 일하는 '정비소'를 가리키기도 하기 때문이다. 미국, 캐나다, 호주 등지에서는 정비소가 주유소에 딸려 있는 곳이 많기 때문에 정비소를 service station, filling station, gas station 이라 부르기도 한다.

She took her car to the garage for a check-up.
그녀는 자동차 점검을 받기 위해서 카센터에 갔다.

Can you give me a ride home tonight? My car's in the garage.
오늘 집까지 좀 태워줄 수 있어? 차가 수리 중이거든.

3) He is a confidence man.

'믿음,' '신뢰'를 뜻하는 단어 confidence가 man 앞에 붙으면 긍정적 의미가 사라지고, 타인들의 순수한 믿음, 신뢰(confidence)를 이용하여 상대를 속이고 돈을 가로채는 나쁜 사기꾼을 의미한다. 미국영어에서는 이를 더 줄여서 con man 또는 예술가의 지위까지 부여하여 con artist라고 부른다. 사기꾼을 가리키는 다른 표현으로는 fake, phony와 같은 구어체 표현, charlatan, imposter 같은 문어체 표현, swindler, fraud 같은 중립적 표현이 있다.

The judge gave a 5-year sentence to the con man.
판사는 그 사기꾼에게 5년형을 선고했다.

The man is a complete phony.
저 남자 완전 사기꾼이야.

4) Give me an estimate on the repair cost.

'서비스나 물품 구매 결정을 내리기 전에 여러 회사로부터 가격 견적을 받아보는 경우가 있다.' 대략적 계산(approximate calculation), '추산', '추정' 등을 의미하는 단어 estimate가 견적서란 의미로도 사용될 수 있다. 또한 인용부호를 뜻하는 표현 quotation mark에 등장하는 단어 quotation의 동사형 quote 역시 '인용하다'는 뜻 이외에도 동사로 '견적을 내다' 또는 명사로 '견적서'의 의미를 갖는다. (주의: estimate는 동사로 사용될 경우는 -ate가 / - eit/로 발음이 되지만 명사로 사용될 경우에는 / - i:t/로 발음된다.)

The estimate from the plumber was so high that we decided to get another.
배관공이 준 견적이 너무 높아서 우리는 다른 견적을 하나 더 받아보기로 결정했다.

Can you give me a quote by next week?
다음 주까지 견적서를 줄 수 있나요?

With one click, you can get multiple quotes from different travel agents.
클릭 한번으로 여러 여행사로부터 많은 견적을 받을 수 있다.

The mechanic quoted me $300 for changing the spark plugs.
정비공은 스파크 플러그 교체 비용으로 300달러를 불렀다.

5) Give me a raise.

raise가 명사로 사용되면 직장인에게는 월급 인상, 학생들에게는 용돈 인상의 의미로 사용된다. 사장/부모님에게 월급/용돈을 올려달라고 말할 때 "Give me a raise."라고 하고, 월급/용돈이 올랐다고 말할 때는 "I got a raise."라고 표현할 수 있다.

My request for a raise fell on deaf ears.
월급/용돈 인상 요구는 무시되었다.

I asked for a raise because I thought I deserved one.
월급인상을 받을 자격이 있다고 생각해서 요청 했다.

Since I got a raise, drinks are on me.
월급이 인상되었으니 술은 내가 사지.

6) Keep the negatives.

negative는 affirmative(찬성하는)의 반대 의미 이외에도 여러 가지 다른 뜻을 지닌다. 약의 효과를 설명할 때는 '유해하다(harmful)'는 의미를 가지며 테스트나 실험 결과가 negative로 나오면 기대하고 있던 물질이나 조건 등이 발견되지 않은 상태, 즉 음성 반응이라는 의미로도 쓰인다. 디지털 카메라의 보급으로 머지않아 박물관에 가야만 볼 수 있게 될 재래식 필름 카메라(traditional film camera)의 필름을 현상(develop), 인화(print) 하고 난 후 들여다보면 실제 사진에서 밝은 부분은 어둡게, 어두운 부분은 밝게, 왼쪽과 오른쪽도 반대로(negative) 보여주고 있다. 이와 같은 이유로 현상이 끝난 필름을 negative라고 부른다.

I'm afraid that my answer to your request is a strong negative.
미안하지만 너의 요구에 대한 나의 대답은 확실한 노우(No)야.

Her pregnancy test was negative.
임신 테스트 결과 음성이었다.

Don't throw away the negatives.
필름 버리지 마세요.

Rule 9

연어(collocation)에 강해지면 영어가 자연스러워진다.

단어를 익히는 이유는 당연히 문장 안에서 쓰기 위한 것이다. 단어를 문장에서 자연스럽게 사용하기 위해서는 그 단어의 앞뒤에 자주 위치하는(collocate) 단어들을 함께 묶어서 통(chunk)으로 익혀두어야 한다. 앞뒤에 자주 오는 단어들에 관심을 갖지 않고 단어의 개별적인 뜻만 익히다보면 문장에서 사용할 때 어색하고 비영어적인 표현이 만들어지기 십상이다. 예를 들어, information란 명사만 알고 있는 것보다 꾸며줄 때 어울리는 형용사(eg. useful/confidential/personal/up-to-date information)를 몇 개 같이 익혀두고 information과 동사+목적어 형태로 자주 결합되는 쌍(pair)들을 함께 정리해 두는 것이다.

He was accused of manipulating information.
그는 정보를 조작했다고 비난받았다.

The new system enables users to retrieve information from the Internet much faster.
새로운 시스템 덕분에 사용자들은 인터넷에서 정보를 훨씬 더 빨리 가져올 수 있다.

A government official was imprisoned for leaking confidential information to the press.
정부 공무원이 기밀 정보를 언론에 누설한 죄로 투옥되었다.

I don't think torture is a reliable method to elicit information about future terrorist attacks.
나는 고문이 미래에 있을 테러 공격에 대한 정보를 끌어내기에 믿을 만한 방법이 못 된다고 생각한다.

INTRO.

형용사를 뜻하는 영어 단어 adjective를 어원으로 풀어보면, (명사) 근처에(접두사 ad-: to) 던져져서(어근 ject: throw) 사용되는 단어, 즉 명사와 함께 쓰여 명사를 수식 또는 설명하는 기능을 하는 품사임을 알 수 있다. 다시 말하면, 형용사는 짝을 이루어 함께 사용하는(collocation) 명사와 하나로 묶어서 기억하지 않으면 존재 이유가 사라진다는 것이다. 따라서 형용사를 만나면 항상 어떤 명사와 어울리는지 생각해보고, 사전을 뒤져 찾아보고, 실제 문장 속에서 확인해 보는 버릇을 기르자. 한 가지 더 추가하자면 형용사는 어떤 품사보다도 뉘앙스가 중요한 품사이다. 구어체(colloquial)와 문어체(literary) 중 어디에 적합한지, 격식을 차린(formal) 표현인지, 캐주얼한(informal) 표현인지, 경멸의(derogatory) 의미가 함축된 건 아닌지, 빈정대는(sarcastic) 뉘앙스가 숨어 있지 않은지 파악해 둘 필요가 있다.

2. 형용사 쓰기의 기본 규칙들

> **Rule 1**
>
> 형용사는 반드시 명사 앞에만 온다?

- **Is it an apparent heir or heir apparent?**

형용사는 명사와 함께 쓰여 명사를 수식(cute baby)하는 한정적 용법(attributive position)으로 사용되거나 보어가 필요한 불완전동사(be, seem, appear, look, sound, taste, feel, smell) 뒤에 따라와 주어로 나온 명사를 설명(The baby is cute.)하는 서술적 용법(predicative position)으로 기능하는 품사이다. 명사를 수식하는 용법으로 사용될 때는 명사 앞에 오는 것이 일반적이지만 관용적으로 명사 뒤에 위치하는 경우가 있다. 북한의 3대 권력 세습과 관련하여 외신들이 김정은을 소개하면서 자주 사용하는 표현이 the third son of Kim Jong-il and the heir apparent이다. '확실한 후계자'라는 의미인데 apparent가 뒤에서 후치 수식을 하는 이유는 이 형용사가 가진 특성 때문이다. apparent는 명사 앞에 위치하여 한정적(attributive position)으로 사용되는 경우와 동사 뒤에 위치하여 명사를 서술적으로 보충 설명하는 서술적(predicative position) 역할을 하는 경우에 따라 그 의미가 달라진다. 명사 앞에 위치하면 seeming과 같은 의미로 '~처럼 보이는,' '~처럼 여겨지는'의 의미를 갖는 반면, 서술적으로 사용될 경우는 clear, obvious, evident 등과 같이 '명백하다'는 뜻을 갖게 된다. 그러므로 '확실한 후계자'라는 의미를 표현하고자 한다면 apparent heir가 아니라 heir (who is) apparent라고 써야하는 것이다. 이외에 형용사가 명사 뒤에 위치하는 경우로 court martial(군사법원, 군법회의), attorney general(법무부 장관), secretary general(사무총장), sum total(총액) 등이 있다. martial은 로마의 전쟁의 신 Mars에서 유래한 단어로'군인이나 전쟁과 관련된(relating to soldiers or war)'의 의미를 갖는 형용사이다. judo(유도), kendo(검도), karate(가라데)와 같은 무술은 martial art, 비상시에 선포되는 계엄령은 martial law라고 하지만 군사법원의 경우에는 형용사가 명사 뒤에 위치하여 court martial로 사용된다는 것에 주의할 필요가 있다. 한 가지 더 유의할 점은 복수형 전환이다. 명사를 후치 수식하고 있는 형용사를 명사로 착각하여 복수형으로 만드는 실수를 하기 십상이기 때문이다. 예를 들어, 각국 의회 사무처의 대표인 사무총장들이 한 자리에 모여서 회의를 하는 경우 secretary generals가 아닌 secretaries general의 회의라고 해야 한다.

> A Japanese daily reported that Kim Jong-Un, the youngest son of Kim Jong-Il, was selected as the heir apparent.
> 일본의 한 일간지는 김정일의 막내 아들 김정은이 후계자로 선택되었다고 보도했다.

> Courts martial are military courts which determine punishments for members of the military.
> 군사법원은 군인들의 처벌을 결정하는 군대의 법정이다.

> The Forum will bring together the secretaries general of Asia-Pacific parliaments.
> 그 포럼은 아시아 태평양 지역 의회의 사무총장들을 한 자리에 모으게 될 것이다.

Rule 2

품사가 바뀌는 형용사에 주의하라.

1) 다목적(versatile) 형용사 rash

rash는 '성급한,' '무모한'의 의미를 지닌 형용사 또는 '두드러기,' '발진' 등과 같은 피부 질환을 의미하는 명사로 사용된다. 또한 a rash of의 패턴으로 이용되면 a lot of의 의미로 사용되기도 하는데 주로 불쾌한 일이 짧은 기간 동안 빈발함을 뜻한다. 이렇게 다목적으로 사용될 수 있는 다의어의 경우에는 여러 가지 의미로 사용되는 예문들을 반복적으로 접해보는 것이 좋다.

It was rather rash of you to agree to give him a raise.
그에게 월급을 인상해 주겠다고 동의한 것은 다소 성급한 결정이었다.

If you see a red rash near your ear or mouth, it is likely that you are allergic to the nickel on cell phone surfaces.
귀나 입 근처에 발진이 생기면 휴대폰 표면 니켈에 알레르기가 있을 가능성이 있다.

The after-sales service center was flooded with a rash of complaints.
A/S 센터에 항의가 쇄도했다.

2) utter vs. utter

utter는 동사로 사용될 때 다소 공식적(formal)이거나 문학적인(literary) 문맥에서 '말하다,' '발화하다'의 의미를 갖지만, 형용사 역할을 할 경우는 비공식적인 문맥(less formal context)에 사용되어 '절대적인,' '완전한' 등의 의미를 갖는다. 동사와 형용사 의미를 실제 문맥에서 파악해 보자.

She did not utter a word throughout the meeting.
그녀는 회의 내내 한마디도 하지 않았다.

Politicians have to be careful about their public utterances.
정치인들은 공개적인 발언에 대해 조심해야 한다.

It turned out that the movie was an utter waste of time.
그 영화는 알고 보니 완전한 시간 낭비였다.

The whole idea is just utter nonsense.
그 아이디어 전체가 완전히 말이 안 된다.

3) The toes were numb with cold.

numb은 충격으로 인해 육체적 감각이나 감정을 느낄 수 없는 상태를 묘사하는 형용사이다. '~ 때문에 감각이 없는' 또는 '~로 인해 정신이 멍해진' 등과 같은 패턴으로 주로 사용되기 때문에 원인을 나타내는 전치사 with와 흔히 결합(collocation)된다. 수술(operation/ surgery)을 받을 때 국부마취제(local anaesthetic) 또는 전신마취제(general anaesthetic)를 사용하여 필요한 부분 또는 전신을 마취하는데 이 경우에는 numb을 동사로 사용할 수 있다.

The tragedy left him numb with grief.
그 비극 때문에 그는 슬픔으로 망연자실했다

A local anaesthetic will be injected into the area below the spinal cord to numb the lower part of the body.
하반신을 마취하기 위해서 국부마취제를 척추 아래 부위에 주사할 것이다.

A: Do you happen to know any effective home remedies for a toothache?
B: Dissolve two tablespoons of salt in a cup of hot water and hold the water in your mouth as long as you can. The heat of the water, along with the salt, will help you numb the pain.
A: 혹시 치통에 좋은 민간요법 알아요?
B: 뜨거운 물 한 컵에 소금 두 스푼을 녹인 다음 입에 오랫동안 머금고 있어요. 소금과 물의 온도가 통증을 무디게 해 주죠.

4) Singapore is a fine(?) city-state.

싱가포르의 별명은 fine country이다. 물론 깨끗하고 좋은 (fine) 나라라는 칭찬의 의미도 있지만 fine의 또 다른 의미인 '벌금'의 종류가 무지하게 많은 나라라는 냉소적인(sarcastic) 의미가 더 강하다. 길거리를 더럽힌다고 껌까지 금지했던 싱가포르가 2000년대 초반 미국과 자유무역협정을 체결하면서 미국산

껌에 대해 수입금지 조치를 해제하여 "싱가포르 10년 만에 껌 판매 허용"과 같은 황당한 헤드라인이 등장하기도 했다. 공공시설물 손괴죄(vandalism)에 대해서는 감옥살이보다 더 무섭다는 태형(곤장치기)을 최대 8대 선고할 수 있고 태형 집행 현장에 입회한 의사가 매회 볼기 부근의 상처를 살피게 한다니 딱 죽지 않을 만큼만 때리겠다는 의도가 아닌가 싶다. 벌금과 관련된 악명(?)을 워낙 많이 접하다보니 싱가포르를 처음 방문했을 때 나도 모르게 행동이 많이 위축되었다. 길거리에서 파는 1달러짜리 아이스크림을 일단 사긴 했는데 손에 들고 걸어 다니면서 먹어도 될까 망설여지기도 하고 신호등이 안 보이는 길을 무단횡단(jaywalking)하면서 잔뜩 긴장하기도 했다. 기념품 판매점(souvenir shop)에 들러보니 fine country라는 닉네임을 이용한 여러 가지 기발한 기념품들을 발견할 수 있었다. 벌금을 내야하는 경우 10가지를 모아서 앞면을 장식해 놓은 티셔츠, 벌금 선고를 내리며 의사봉(gavel)을 두드리는 판사 인형, 'fine $150 for not flushing(변기 물 안 내리면 벌금 150불)'이라고 쓰여 진 냉장고용 자석(magnet)까지 다양하고 귀여운 기념품들이 관광객들을 유혹하고 있었다.

Parking fines can be as high as $100 in some cities.
어떤 시에서는 주차위반 벌금을 100달러까지 물리기도 한다.

Offenders will be liable to a heavy fine.
위반 시에는 상당한 벌금을 지불해야 한다.

He was fined $100 for breaking the speed limit.
그는 속도위반으로 벌금 100달러를 내야 했다.

Rule 3

한정적 용법일 경우와 서술적 용법일 경우 의미가 달라지는 형용사에 유의하라.

> **한정적** **He is an old friend of mine.**
> 오래 사귄 친구
>
> **서술적** **My friend is quite old.**
> 나이가 많은 친구

1) partial

형용사 partial은 명사와 함께 사용되어 명사를 수식하는 한정적 용법으로 사용될 때는 '부분적인'의 의미를 갖는 반면, 보어를 필요로 하는 불완전동사와 함께 사용되어 서술적으로 기능할 경우에는 '편파적인'이라는 전혀 다른 의미로 해석된다. 반대 접두사 im-과 결합된 impartial은 한정적, 서술적 위치와 관계없이 '공명정대한,'(판단이) 한쪽으로 치우치지 않은' 등의 의미를 갖는다.

> I am against the plan to impose a partial ban on smoking in public places. It should be a total ban.
> 나는 공공장소에서의 흡연에 대한 부분적 금지 계획에 반대하며 전면적 금지를 지지한다.
>
> The supervisor was criticized by some subordinates for being partial.
> 몇몇 부하직원들은 그 상사가 편파적이라고 비난했다.

It's hard to find impartial news reports in the paper.
그 신문에서 중립적인 뉴스 보도를 발견한다는 것은 쉽지 않다.

2) present

형용사 present 역시 명사와 오는 경우(한정적 위치)와 동사와 오는 경우(서술적 위치)의 의미가 다르다. 명사를 꾸며줄 때는 형용사 'current'와 같은 의미로 현재 존재하거나 발생하고 있는 상황을 묘사하고, 동사의 보어로 사용되는 경우는 absent의 반의어로 '참석한,' '출석한' 등의 의미를 갖는다.

What's your present address?
현 주소가 어떻게 되죠?

If prices continue to rise at the present rate, we may have to worry about inflation.
물가가 현재 속도로 계속 상승한다면 인플레이션을 걱정해야 할지 모른다.

There were about 200 people (who were) present at the meeting.
회의에 약 200명 정도 참석했다.

Everybody (who was) present welcomed the decision.
모든 참석자가 그 결정을 환영했다.

3) late

형용사 late도 한정적 위치에 와서 사람을 수식하면 서술적 위치에 올 때와 의미가 전혀 달라진다. 명사(사람) 앞에 late를 사용하면 '늦은'의 의미가 아니라 '고인이 된,' '돌아가신'의 뜻을 갖게 된다.

I was late for the meeting.
나는 모임에 늦었다.

She still misses her late husband.
그녀는 아직도 죽은 남편을 그리워하고 있다.

Rule 4

-ful로 끝난다고 항상 형용사는 아니다.

- **earful, handful, mouthful**

careful, useful, wonderful 등의 단어에서 볼 수 있듯이 명사에 접미사 -ful을 더하면 형용사로 전환된다. 그런데 신체부위 ear, hand, mouth에 접미사 -ful이 추가되어 만들어진 단어들은 형용사가 아닌 명사로 기능을 하며 구어체에서 아주 유용하게 쓰인다. earful은 귀에 가득 차는 것처럼 느껴지는 심한 잔소리나 꾸지람(a severe scolding), handful은 다루기 어려운 말썽꾸러기(kids who are difficult to control or handle), mouthful은 발음하기 어려운 긴 단어나, 이름, 구 등을 가리키는 구어체 표현들이다.

President Obama got an earful at a town hall meeting from young voters disappointed that his promises haven't panned out.
오바마 대통령은 타운 홀 미팅에서 실현되지 않은 캠페인 공약에 실망한 젊은 유권자들로부터 잔소리를 잔뜩 들었다.

The hyperactive kid is a real handful.
과잉활동장애 증세를 보이는 저 아이는 진짜 돌보기가 어렵다.

The name of the Iceland volcano that shut down air traffic in Europe, Eyjafjallajökull, is a real mouthful.
유럽 항공 교통을 마비시켰던 아이슬란드 화산 이름 에이야피야라요쿠울은 정말 발음하기 힘들다.
(*미국 방송사들은 駐워싱턴 아이슬란드 대사관에 문의하여 화산 이름을 확인함)

Rule 5

어근이 같아도 정반대의 길을 간 형용사들이 있다.

- **awesome vs. awful**

두려움(fear)과 경이로움(wonder)이 복합된 존경(feeling of respect)의 감정을 의미하는 단어 'awe'에서 파생된 형용사 'awesome'과 'awful'은 출발 지점은 같았지만 전혀 다른 목적지에 도착한 형용사 쌍(pair)이다. awesome이 wonder

쪽의 의미를 취한 반면, awful은 fear쪽의 의미로 방향을 틀었던 것이다. awesome은 한때 미국 젊은이들 사이에 리액션으로 크게 유행한 적이 있었다. 상대방이 무슨 말만 꺼내면 일단 "Wow, that's awesome."이라고 반응하고 보는 식이었다. 우리나라에서도 '멋지다'라는 감정을 표현할 때 '짱이다,' '쩐다' 등과 같은 속어들이 유행하는 것처럼 미국에서도 cool, amazing, excellent, great, terrific 등과 같은 점잖은(decent) 형용사들부터 지면에 싫을 수 없는 여타 여러 표현들까지 유행을 타면서 사용된다. awesome/awful과 같이 같은 어근에서 출발하여 정반대의 의미를 갖게 된 쌍이 하나 더 있다. 공포를 의미하는 라틴어 어근 terrere에서 같이 파생된 terrific과 terrible 역시 전자는 excellent, 후자는 awful의 의미로 반의어(antonym) 관계로 발전했다.

The view of the spectacular Guggenheim Museum filled me with awe.
구겐하임 박물관의 멋진 모습을 보고 나는 경이로움에 사로잡혔다.

You got a raise at work? That's awesome.
월급이 올랐다고? 와, 멋진데.

The weather has been awfully cold this month.
이번 달은 날씨가 정말 끔찍하게 추웠어.

Rule 6

미묘하게 뜻이 다른 형용사들에 유의하라.

1) eccentric, odd, strange, weird

항상 정해진 기준을 준수하고 기대에 크게 벗어나지 않는 방식으로 행동하는 사람들로만 구성된 사회에서 살아간다면 어떨까? 기발한 아이디어나 상상력이 가득한 소설들 대신 감흥도 없고 눈물나게 심심한 논문들만 읽고 있는 그런 느낌과 가까울까? 일반적인 기준과 기대에서 살짝 벗어나 줌으로써 가십(gossip)의 재료를 끊임없이 공급해 주고 신선한(?) 자극을 선사하는 비범한(?) 사람들은 어떤 형용사로 묘사할 수 있을까? 별다른 의미가 첨가되지 않고 비교적 중립적(neutral)으로 사용할 수 있는 형용사가 strange와 odd이다(odd가 strange보다 구어체에서 활용되는 빈도수가 더 높다). 명사로도 사용되는 eccentric은 단어를 잘 들여다보면 어원이 보인다. 중심(center)에서 벗어난(ec-, ex-) 행동을 하기 때문에 어쩔 수 없이 눈에 띄는 것이다. weird 역시 convention(관습)을 따르지 않는 unusual한 행동을 묘사하는 형용사로 다소 informal한 상황에서 사용된다. weird한 사람을 가리켜 weirdo라고 부르는데 이 명사는 상당히 부정적인 함축성을 갖고 있기 때문에 active vocabulary(speaking, writing에 적극적으로 사용하는 단어) 보다는 passive vocabulary(reading, listening을 통해 수동적으로 접수하는 단어)의 카테고리에 분류해 두는 것이 좋겠다.

The club is full of eccentrics.
저 동아리 회원들은 거의 다 괴짜들이야.

What an odd man!
진짜 이상한 사람이야.

I found his ideas a bit weird.
그의 아이디어들은 좀 이상한 것 같아.

Who invited the weirdo?
저 이상한 자식은 도대체 누가 불렀어?

2) Is the room empty or vacant?

'빈방'을 영어로 옮길 때 vacant와 empty 중 어떤 형용사를 사용할까? 두 형용사의 우리말 의미는 비슷하지만 영어에서 쓰임새는 약간 다르다. vacant room은 현재 점유자(occupant)가 없는 unoccupied 상태의 방을 의미하는 반면, empty room은 가구나 물건이 없이 텅 빈방을 뜻한다. motel은 motor hotel을 줄인 말로 원래 자동차 여행자를 위한 호텔이다. 자동차로 움직이는 여행자들이 일일이 차를 세워 빈방이 있는지 물어봐야하는 번거로움을 덜어주기 위해서 대부분의 모텔들은 빈방이 없을 때 "No Vacancy(빈방 없음)"라는 사인을 밖에 걸어둔다. vacancy는 비즈니스에서는 공석, 즉 a job opening의 의미로도 사용된다. 임대목적으로 지어 놓은 건물에 세입자(tenant)가 얼마나 들어왔는지 나타내는 지표(indicator)는 vacancy rate(공실률), 호텔의 객실점유율이나 항공기의 좌석점유율은 occupancy rate라고 한다. 한편 좌석에 임자가 있거나 어떤 사람에게 임자, 즉 현재 짝이 있다는 의미는 모두 taken으로 표현할 수 있다.

Is this seat taken?
이 자리 주인 있나요?

Sorry, Dave! She is taken.
데이브, 미안한데, 저 여자분 임자 있어.

We have a couple of vacant rooms available for rent.
임대할 수 있는 방이 두개 있어요.

There's a vacancy in my office. I can put in a good word for you if you want to apply for it.
사무실에 공석이 하나 생겼는데, 너 혹시 지원하고 싶으면 내가 추천해 줄게.

3) costly, dear, excessive, exorbitant, expensive, precious, priceless, (in)valuable

새로운 단어를 접했을 때 항상 기억해야 할 것은 단어의 쓰임새(usage)이다. 아무리 유의어라 하더라도 쓰임새까지 정확하게 동일한 경우는 드물기 때문이다. 공식적이고 딱딱한(formal) 상황에서 사용되는지, 비공식적인(informal) 경우에 사용되는지, 문어적인(literary) 표현인지, 구어적인(colloquial) 표현인지, 경우에 상관없이 두루두루 사용할 수 있는 무난한(neutral) 표현인지를 살펴보아야 한다. 영영사전의 경우 formal, informal, literary, colloquial, derogatory, disapproving 등의 표시를 첨가하여 어휘의 쓰임새나 뉘앙스를 알려준다. 특별한 표시가 없는 경우는 무난한 표현이라고 간주할 수 있다. expensive의 유의어들은 크게 세 부류로 나눌 수 있다. costly, dear, expensive 는 단순히 가격이 비싸다는 중립적인 의미를 가진다. 이들 중 dear는 비공식적인 상황에 사용되는 영국 영어이고, expensive 는 구어체에서, costly는 문어체에서 주로 비유적 의미(대가나 희생이 큰)로 사용된다. 두 번째 부류로는 valuable, precious, invaluable, priceless를 한데 묶을 수 있는데 이 네 단어는 '가격의 개념'보다는 '가치의 개념'에 더 초점을 두고 있다. invaluable과 priceless는 접두사 in과 접미사 less를 통해서 강조를 더 추가한 표현이라 very와 같은 강조 부사의 수식을 받을 수 없다. exorbitant, excessive는 단어를 사용하는 사람의 부정적 가치판단(disapproval)이 개입되어 비싸다 못해 도가 지나침을 나타낸다. exorbitant의 어원을 풀어보면 '궤도(orbit)를+이탈(ex)+한(ant)'의 의미를 지니고 있음을 알 수 있다.

It was a costly victory, where losses outweigh gains.
그것은 이익보다 손실이 더 많은, 큰 대가를 치른 승리였다.

Freedom of speech is priceless.
표현의 자유는 가격을 매길 수 없이 소중하다.

The company charged an exorbitant price for the service.
그 회사는 서비스에 대해 터무니없이 높은 가격을 청구했다.

4) Is a cold contagious or infectious ?

infectious와 contagious는 전염성을 함축한다는 측면에서는 동일하지만 엄밀하게 구별하면 의미 차이가 있다. infectious disease는 감기(cold)나 독감(flu)처럼 공기나 물을 매개로 전달되는(communicate) 전염병인 반면, contagious disease는 AIDS와 같이 접촉을 통해서 감염되는 전염병을 가리킨다. contagious는 contact, intact 등과 어근을 공유하고 있는데 어원을 풀어보면 con(together)+tangere(touch)로 구성되어 단어 자체에 touch의 개념이 포함되어 있다. 그리고 infectious와

contagious는 질병과 같이 부정적인 상황에만 국한되어 사용되는 것은 아니다. 주변 사람들 사이에 빨리 '전염되는' 긍정적 감정(emotions)이나 행동(actions)을 설명할 때도 비유적 의미(figurative meaning)로 사용할 수 있다.

> You are lucky to take his class. The professor is well-known for his infectious enthusiasm.
> 그 교수님의 수업을 듣게 된 건 운이 좋은 거야. 그 교수님은 열정을 주변 사람들에게까지 전염시키는 걸로 유명하거든.
>
> She has such a beautiful infectious smile.
> 그녀는 보는 사람까지 웃게 만드는 참으로 아름다운 미소를 지니고 있다.
>
> Do you happen to know why yawning is contagious?
> 너 혹시 하품이 왜 전염되는지 아니?

5) Are you positive/sure/certain/confident?

'확신감에 차서 말을 할 때도 표현하는 방법이 여러 가지가 있다. 가장 부담 없이 편안하게 사용할 수 있는 캐주얼한 표현으로 "I am sure/certain that ~ ," "I bet that ~ " 등이 있다. 다소 딱딱한 문맥에서 사용할 경우에는 "I am confident that ~ ," "I am persuaded that ~ ," "I am convinced that ~ " 등의 표현을 사용할 수 있다. 구어체와 문어체의 중간쯤에 위치하여 어느 쪽에서 사용해도 괜찮게 들리는 표현이 "I am positive that ~" 구문이다.

> I bet that he will be late again this time.
> 그는 이번에도 역시 지각할 게 틀림없어.

Are you 100% sure that he is the best candidate for the job?
그가 그 일에 최적임자라고 절대적으로 확신하나요?

A: Are you positive about it?
B: Yes, I am positive.
A: 그것에 대해서 확신해요?
B: 네, 확신할 수 있어요.

I am not persuaded that she will take care of the matter professionally.
그녀가 그 일을 전문적으로 잘 할 수 있을 거라고 확신이 안 들어요.

6) Are you weary?

싫증을 표현하는 것도 여러 가지 방법으로 한다. 거의 모든 한국인에게 익숙한 Simon & Garfunkel의 old pop "Bridge Over Troubled Water"의 가사(lyrics)는 "When you're weary, feeling small ~"로 시작된다. 이 첫 구절에 사용된 형용사 weary는 tired와 의미가 같지만 문어체(literary style)에서 주로 사용되는 표현이다. 몸이 아니라 마음이 피곤하고 지쳐서 싫증이 난 경우에는 be tired of, be sick and tired of, be fed up with 등의 표현을 사용한다.

I am fed up with my roommate's sloppy habits.
룸메이트의 지저분한 습관에 완전히 질렸어.

I was sick and tired of his endless complaints.
나는 그의 끝도 없는 불평에 지쳐버렸다.

Being fed up with the rat race of city life, he decided to retire early.
도시생활의 경쟁에 싫증이 난 그는 일찍 은퇴하기로 결심했다.

Rule 7

접미사 -ible로 끝나는 유용한 형용사들

- **collapsible, reversible, expansible, convertible**

collapse는 '붕괴되다,' '무너지다,' '기절하다,' 등의 의미 이외에도 운반이나 보관의 편의를 위해 '접을 수 있다'는 의미를 갖고 있다. 공간 활용을 위해서 밤에는 침대로 사용하고 낮에는 접어서 보관할 수 있는 침대를 collapsible bed, 짧게 접어서 배낭에 보관했다가 산행할 때 꺼내서 길게 늘여 쓸 수 있는 지팡이는 collapsible cane, 캠핑 갈 때 접어서 차에 넣었다가 캠핑 장소에서 펼쳐 놓을 수 있는 휴대용 식탁은 portable collapsible table 이라고 하는 등, 여러 표현에서 활용된다. 접미사 -ible이 붙은 유용한 형용사를 몇 개 더 알아보자. 재킷이나 점퍼 중 뒤집어서(reverse) 입을 수 있어 양면을 다 활용할 수 있는 양면 점퍼를 reversible, 여행용 가방(luggage, baggage) 중 짐이 많이 없을 때는 그대로 사용하다가 짐이 많아지면 지퍼를 열어서 부피를 확대하여(expand) 쓸 수 있는 가방을 expandible 등의 형용사로 표현한다. 스포츠카를 보면 지붕이 열렸다 닫혔다 변신하는(convert) 차가 있는데 이런 차들을 convertible이라고 한다.

I am looking for a collapsible bicycle.
접을 수 있는 자전거를 사려고 하는데요.

This coat is not only chic but also reversible. It's actually two coats in one.
이 코트는 스타일이 세련될 뿐 아니라 양면으로 입을 수 있어요. 두 개의 코트가 하나에 들어 있다고 생각하면 되죠.

This is an expandable suitcase. The expanding feature gives you 25% more space for all your travel souvenirs.
지금 보고 계시는 가방은 확장 지퍼가 있는 제품입니다. 확장 기능으로 여행 기념품을 담아 올 수 공간이 25% 정도 추가되는 거죠.

I think a convertible could be fun to drive around.
컨버터블 차를 몰고 다니면 재미있을 것 같아요.

Rule 8

형용사와 명사의 특이한 연어(collocation)

1) fat chance_뚱뚱한 가능성?

우리말에서는 가능성이 크다, 적다로 표현하는 반면, 영어에서는 가능성을 수식할 때 strong, weak, high, low, slight 등의 형용사를 사용한다. 두께의 개념을 빌려와서 가능성이 얄팍하다(slim)는 표현도 자주 사용된다. 그런데 하나 조심할 것은 서로 반대 의미를 가진 형용사 fat과 slim이 가능성(chance)을 수식할 때 동일한 의미를 갖는다는 것이다. 일종의 반어적 표현이라 할 수 있는데 상대방의 말에 대한 응답으로 "Fat chance!"라고 말하면 '행여나 그렇게 하겠다.' '그럴 리가 만무하다.'는 의미를 갖는다.

A: Who knows? We might get a fat bonus on the Lunar New Year.
B: Fat bonus? I would say "fat chance."

A: 누가 알아? 설날에 두둑한 보너스를 받을지도 모르잖아.
B: 두둑한 보너스? 그럴 가능성 참 두둑도 하겠다.

2) tall tale_큰 이야기?

언뜻 보기에 tall과 tale은 collocation(연어)으로 사용되기가 어려운 듯 보이지만 tall tale이란 표현에서 tall은 크다는 의미가 아니라 '과장된,' '터무니없는' 등의 의미를 갖는다. tall tale은 원래 미 서부 개척 시대에 황량한 서부(Wild West)에 정착한 사람들이 무료함을 달래기 위해서 지어 낸 이야기에서 출발했다고 한다. tall tale에는 항상 초인적 능력(superhuman abilities)을 지닌 주인공들이 등장하여 장애물을 극복하고 공공의 적을 해치운다. 현대 영어로 내려와서 tall tale은 믿기 어려운 과장된 이야기를 가리키는 표현으로 사용되고 있다. 낚시꾼이 잡았다가 놓쳤다는 물고기 이야기는 동서고금을 막론하고 액면가 그대로 받아들여지지 않기 때문에 fish story란 표현도 tall tale과 유사하게 an implausible boastful story(개연성 없고 자랑삼아 하는 이야기)라는 의미로 사용된다.

My uncle claims that he fought in the Vietnam War.
I think it's just another one of his tall tales.
삼촌이 베트남전에 참전했다고 주장하는데 또 '뻥'이 아닐까 생각해.

This is the most ridiculous fish story I have ever heard.
이건 내가 지금까지 들어봤던 허풍 중 단연 최고군.

3) idling car_차가 놀고 있어?

형용사 idle은 다양한 의미로 사용된다. 사람을 묘사하면 '한가한,' '게으른,' '직장을 잃은' 등의 의미로, 시설이나 공장, 자본 등을 묘사할 경우는 '사용되지 않는,' '유휴의,'라는 의미로, 소문이나 이야기를 묘사할 때는 '근거 없는(unfounded)'이라는 의미로 사용되는 등, 문맥에 따라 자유롭게 변신한다. 누군가를 기다리기 위한 목적으로 자동차를 운전하지 않으면서 시동을 켜 놓은 상태로 있을 때는 idle을 동사로 이용하여 '엔진이 공회전하다'는 의미로 사용할 수도 있다.

An idling vehicle burns up a lot of fuel.
시동이 켜져 있는 차는 연료를 많이 소모한다.

Don't leave your car idling, unless it's absolutely necessary.
꼭 필요한 경우가 아니면 자동차 시동을 켜 두지 마라.

4) loud dress_시끄러운 드레스?

형용사 loud는 '목소리가 큰'이라는 일반적인 의미 이외에도 의류 등의 '(색깔이 너무 밝거나 패턴이 너무 화려하여) 눈에 띄는, 야한'의 의미로도 사용된다. Golden Globe Awards 시상식장에서 CBS TV 리포터가 한 여자 연예인을 소리쳐서 불렀는데 그 연예인이 못 듣고 지나가자 "Her dress is so loud that she can't hear me."라고 말하면서 난처할 수 있는 순간을 재치 있게 넘어가는 것을 본 적이 있다. loud의 두 가지 의미를 이용한 기발한 말장난(pun)이다.

> Is this some kind of joke or what? The guy you set me up with on the blind date last weekend showed up wearing a very loud Hawaiian shirt.
> 이건 무슨 장난이야? 지난 주말에 네가 소개팅 시켜준 남자가 아주 컬러풀한 하와이안 셔츠를 입고 나타났더구나.

> I think this tie is a bit too loud for his taste.
> 이 넥타이는 그의 취향에는 좀 화려할 것 같아.

5) nuclear family_핵을 가진 가족?

핵폭탄(nuclear bomb), 핵군축(nuclear disarmament), 핵전쟁(nuclear war) 등 nuclear가 들어간 대부분의 무시무시한 단어들과 달리 nuclear family는 가족 구성원이 엄마, 아빠, 자녀로만 구성된 핵가족을 가리킨다. 이와 반대로 조부모, 이모, 고모, 숙모, 사촌들이 함께 사는 대가족은 extended family, 글자 그대로 확대된 가족을 의미한다. 이혼의 증가로 single-parent family, 즉 한부모가정의 수도 늘어나고 있으며 heterosexual이 아닌 homosexual partners들이 함께 사는 가족도 생겨나는 등 가족의 종류도 다양해지고 있다.

> A wide range of changes in American culture after the World War II ushered in the concept of the nuclear family.
> 2차 대전 후 미국 문화에 나타난 다양한 변화로 핵가족의 개념이 대두되었다.

> Urbanization accelerated the breakdown of traditional extended families.
> 도시화는 전통적인 대가족의 붕괴를 가속화시켰다.

6) smoking gun_연기나는 총?

사건현장에서 연기가 모락모락 올라오는 총을 쥐고 있는 것만큼 확실한 유죄의 증거(incriminating evidence)가 있을까? 여기에서 유래하여 a smoking gun은 범죄의 결정적 증거(indisputable/conclusive evidence of a crime)라는 의미로 사용된다. 이와 유사한 표현으로 범죄 행위가 이루어진 현장에서 현행범으로 체포되는 것을 be caught red-handed라고 한다. 손에 피가 묻어있는 상태로 체포되었으니 변명의 여지가 없다.

> There was a news report that investigators had found a smoking gun linking North Korea to the sinking of the Cheonan.
> 북한이 천안함 침몰에 연루되었음을 증명하는 결정적 증거를 찾았다는 뉴스 보도가 있었다

Afghan President Hamid Karzai was accused of having pardoned one senior government official who was caught red-handed taking a bribe.
하미드 카르자이 아프가니스탄 대통령은 뇌물을 받다가 현장에서 체포된 한 고위 정부 관리를 사면하여 비난을 받았다.

7) sour relationship_인간관계도 시어질 수 있다?

식초(vinegar)의 신맛을 좋아하는 사람도 있겠지만 영어에서 sour는 부정적인 의미로 주로 사용된다. 상황이나 관계가 '더 이상 좋지 않다,' '더 이상 만족스럽지 않다'라고 말할 때 turn sour 또는 go sour 등과 같은 표현을 이용할 수 있다. sour가 이용되는 다른 표현으로 sour grapes(신포도)가 있다. 이솝우화(Aesop Fable)의 '여우와 포도' 이야기에서 여우는 아무리 애를 써도 키가 닿지 않아 따먹을 수 없는 포도를 결국은 포기하고 돌아서면서 "저 포도는 틀림없이 맛이 실거야."라고 말하면서 스스로를 위로하려고 한다. 이 우화에서 유래한 표현 sour grapes는 스스로의 노력을 합리화하여 마음의 상처를 줄이려는 태도를 가리키는 말로, 심리학에서 자신을 지키는 방어기제(defense mechanism) 중 합리화(rationalization)의 예로 흔히 인용된다.

Don't drink the milk. It went sour.
그 우유 마시지 마. 시었어.

Our relationship turned sour after the argument.
그 말다툼 후로 우리의 관계는 나빠졌다.

The article tells you ways to sweeten a sour relationship.
그 기사는 '시어진' 관계를 '달콤하게' 만들 수 있는 방법을 말해주고 있다.

8) outstanding debts_뛰어난 빚?

군중 속에 서 있어도 눈에 띄는 사람을 "He/She is the kind of person who stands out in a crowd."라고 표현한다. 동사구(phrasal verb) stand out은 '아주 눈에 띄어(very noticeable) 쉽게 알아볼 수 있다'는 의미를 갖고 있다. 형용사 outstanding은 stand out에서 파생되어 '예외적으로 훌륭하고 뛰어난' 사람, 작품, 공연 등을 꾸며준다. 그러나 payment, work, problems 등과 같은 명사와 연어를 이루는 경우에는 '미지불의,' '미해결의,' '미완성의' 등과 같은 다소 부정적인 의미로 사용된다.

That was an outstanding performance.
정말 훌륭한 공연이었다.

The U.S. and Korean governments announced today that they had resolved all outstanding issues regarding the U.S.-Korea Free Trade Agreement.
한국과 미국 양국 정부는 오늘 한미자유무역협정과 관련한 모든 미해결 문제들에 합의를 보았다고 발표했다.

A great deal of work is still outstanding.
상당한 양의 일이 아직도 완성되지 않았다.

INTRO.

　동사는 명사와 더불어 문장에서 가장 중요한 주인공 역할을 수행한다. 형용사, 부사, 전치사가 없어도 어떤 문장을 만들 수 있지만 동사와 명사가 없으면 문장 구성 자체가 불가능하다. 때문에 영어를 잘 하길 원한다면 동사를 제대로 쓸 줄 아는 능력이 급선무라는 것은 두 말할 필요도 없겠다. 동사쓰기에서 필수 포인트 몇 개를 짚어보자. 우선 동사를 사전에서 찾아보면 옆 자리에 빠짐없이 등장하는 것이 바로 vi, vt이다. vi는 intransitive verb의 줄임말, 즉 자동사이고 vt는 transitive verb를 줄인 말, 즉 타동사이다. 동사와 관련된 실수 중 상당수가 동사의 자동, 타동 기능에 대한 오해로 발생한다. 동사를 공부할 때는 이 단어가 목적어를 사용해도 좋은 타동사인지, 목적어를 받을 수 없는 자동사인지, 자동사와 타동사로 다 사용해도 무방한지, 그런 경우 혹시 의미의 차이가 있는지를 파악할 필요가 있다. 또한 자동사로 사용되는 동사들이 전치사의 도움을 받아서 목적어를 취할 수 있는 경우가 있는데 그런 경우 특정 동사들이 빌려오는 전치사는 무엇인지까지 더불어 익혀둬야 한다. 타동사의 경우 목적어 자리에 자주 같이 어울려서 연어 관계를 형성하는 명사들과 짝을 지어 정리해 둘 필요가 있다. 마지막으로 동사쓰기에서 빠뜨릴 수 없는 부분이 바로 동사구(phrasal verbs)이다. 자연스러운 구어체 문장을 구사하기 위해서는 한 단어 동사(one-word verb)를 대체할 수 있는 동사구를 많이 익혀두는 것이 꼭 필요하다.

3. 동사 쓰기의 기본 규칙들

Rule 1

과거시제랑 현재완료랑 도대체 뭐가 다른 거야?

동사는 항상 시제를 동반한다. 우리가 하는 모든 '행위'는 과거, 현재, 또는 미래 속에서 존재하기 때문이다. 그런데 그 행위들은 과거에서 시작되어 현재까지 계속되는 경우도 있고, 과거에 완전히 끝나서 다시는 되풀이되지 않는 경우도 있고, 지금 바로 이 순간 진행되고 있는 경우도 있다. 이런 다채로운 행위들을 과거, 현재, 미래라는 세 가지 틀로만 나눈다면 우리가 하는 언어는 마치 역사책 속의 연표처럼 딱딱하기만 할 것이다. 그래서 영어라는 언어 속에서도 과거완료, 현재진행, 현재완료, 미래완료 등의 파생적인 시제들이 존재한다.

이런 시제 중에서 한국인들이 특히 어려워하는 영어 시제는 바로 현재완료(present perfect)가 아닐까 싶다. 우리말에는 존재하지 않는 시제인데다 우리말로 옮겼을 경우 과거시제와 별 차이점이 없어 보이기 때문이다. 그렇다면 우리말로는 구분되지도 않는 현재완료를 도대체 어떻게 과거시제와 구분한단 말인가? 먼저 '현재완료'라는 그 이름에서 유추해보면 이 시제는 지금 말을 하고 있는 이 순간에 유효한(완료되는) 행위를 표현한다. 즉 과거에 시작된 행동이나 상황이 현재까지 계속되고 있거나(actions and situations continuing up to the present), 과거에 끝난 일이라도 현재와 관련이 있거나, 혹은 그 결과가 현재에도 유효한 경우(finished actions and events which have present importance)에는 과거시제가 아닌 현재완료를 사용해야 한다. 따라서 만약 당신이 표현하고자 하는 어떤 과거의 행위에 위와 같은 현재적 요소(present elements)가 있다고 판단되면 자신감 있게 현재완료를 써도 무방할 것이다.

하지만 역으로, 같은 내용이라도 사건이 발생한 과거의 시점을 명확하게 밝혀주는 시간 부사(time adverbs)가 함께 등장하는 경우에는 현재완료가 아닌 과거시제를 사용해야 한다는 것을 유념해야 한다. 예를 들어 뉴스 앵커가 "파키스탄의 편잡주 주지사가 암살되었습니다."라고 보도를 한다면 "The governor of Pakistan's Punjab Province has been assassinated."라고 해야 하고, 만약 시간 부사를 넣어서 "어젯밤 파키스탄의 편잡주 주지사가 암살되었습니다."라고 보도한다면 "The governor of Pakistan's Punjab Province was assassinated last night."로 과거시제를 이용해야 한다는 것이다.

X I'm afraid that I can't go on vacation because I broke my leg.

O I'm afraid that I can't go on vacation because I have broken my leg.
다리를 다쳐서 휴가를 갈 수 없게 되었어요.

X You can't talk to him now because he went to New York.

O You can't talk to him now because he has gone to New York.
그가 뉴욕에 가고 없기 때문에 지금 그를 만날 수 없어요.

| x | I am sorry to say that I didn't decide whether to take the job offer. |

| o | I am sorry to say that I haven't decided whether to take the job offer.
일자리 제의를 받아들일지 아직 결정을 내리지 못했어요. |

| x | I lived in Seoul since 2006. |

| o | I have lived in Seoul since 2006.
2006년부터 서울에서 살았어요. |

| x | We knew each other for a long time. |

| o | We have known each other for a long time.
우리는 서로 알고 지낸 지 오래됐어요. |

Rule 2

현재를 의미하면서도 과거시제를 쓰는 경우가 있다.

In South Korea, teachers are known as "nation builders." Here in America, it's time we treated the people who educate our children with the same level of respect.

한국에서는 교사를 '건국자들'이라고 부른다. 여기 미국에서도 우리 아이들을 가르치는 분들에게 그와 같은 존경심을 보여야 할 때가 되었다.(오바마 대통령의 연두교서 중에서)

오바마 대통령이 신년 국정연설인 연두교서(State of the Union Address)에서 한국을 여러 차례 언급한 일이 국내 언론에서 큰 화제가 되었다. 오바마 대통령은 이전에도 한국의 교육열(education fervor)을 본받아야 한다는 취지의 발언을 한 적이 있다. 교사에 대한 존경심을 언급하고 있는 위 연설 내용은 공교육과 교사의 위상이 하락하고 있는 한국의 현 교육 실정을 비추어볼 때 듣기에 마냥 즐겁지만은 않은 칭찬이었다. 우리가 주목할 부분은 오바마 대통령이 교사를 존경심을 가지고 대해야 한다고 말하면서 treated라는 과거시제의 동사를 선택했다는 점이다. '~해야 할 때가 되었다'는 의미의 표현 "It is (about/high) time ~."은 사실 마땅히 그래야 하는데, 그렇게 해야 할 시기가 다소 지났다는 의미를 함축하고 있다. 즉 현재의 사실을 반대로 가정할 때 사용하는 가정법 패턴이 이 구조에 적용되고 있는 것이다. "내가 예쁘면 좋을 텐데."라고 말하면서 "I wish I was pretty."라고 과거시제로 표현하는 것과 동일한 문법이 적용되는 것이다. 과거시제를 활용한 가정법 패턴이 익숙하지 않다면 It is time 뒤에 to 부정사(infinitive)를 사용해도 무방하다.

It is time for you to go to bed.
자러 갈 때가 지났는데.

It is time he washed his car.
저 사람 세차 안 하나.

It is time we went home.
집에 가야할 때가 되었다.

It is about time they replied to my letter.
내 편지에 답장을 할 때가 된 것 같은데.

Rule 3

동사의 영원한 숙제, 자동사와 타동사.

자동사 The dog is walking.
개가 걸어가고 있다.

타동사 He is walking the dog.
그는 개를 산책시키고 있다.

자동사 The birds are flying.
새들이 날고 있다.

타동사 The kids are flying kites.
아이들이 연을 날리고 있다.

타동사는 영어로 transitive verb라고 한다. transitive는 transit, transition, transient 등의 단어들과 어원을 공유하고 있는데, 접두사 trans-는 across, 어근 -it는 go를 의미하기 때문에 이 단어들은 모두 기본적으로 go across라는 뜻을 갖고 있다. 어원적으로 드러나는 바와 같이 주어로부터 목적어로 옮겨가는 동작(action that is carried from the subject to the object)을 표현하는 타동사(transitive verb)는 항상 동작의 대상이 되는 목적어를 수반해야 한다. 반면, 자동사는 반대 접두어 in-이 붙어 intransitive verb라고 하며 목적어를 필요로 하지 않거나 목적어를 직접 취할 수 없는 동사(verb that does not require or cannot take a direct object)를 의미한다. 그럼 해석할 때 '을/를(목적어)'이 들어가면 타동사, 안 들어가면 자동사, 이렇게 간단한데 이게 무슨 영원한 숙제냐고? 불행히도 여기서 끝이 아니다. 우선 자동사는 목적어를 직접 취할 수는 없지만 전치사나 부사의 도움을 받아서 목적어를 간접적으로 취할 수 있는 경우가 많다. 즉 각 동사의 우리말 의미로만 자동사와 타동사를 정확히 구분하여 사용할 수 있는 가능성은 희박하다는 것이다. 대표적인 자동사 look을 예로 들어보자. '~을 보다'는 look at, '~을 찾다'는 look for, '~을 돌보다'는 look after, '(사전에서) 단어 등을 찾아보다'는 look up, '~을 조사하다'는 look into로 표현하는 것처럼 자동사도 전치사, 부사의 도움을 받아 얼마든지 목적어를 쓸 수 있다. 이렇게 뜻에 따라 자동사에 어떤 전치사나 부사를 붙여야 하는지는 이제 막 말을 배우는 네이티브 아이들에게도 받아쓰기만큼이나 큰 숙제다. 그만큼 많은 학습과 경험이 필요한 부분이라는 것이다. 하물며 네이티브가 아닌 외국어로서 영어를 배우는 사람들에게는 더 말할 필요도 없다.

또한 자동사와 타동사 기능을 함께 갖는 동사도 있고, 자동사냐, 타동사냐 여부에 따라서 의미가 변화하는 동사들도 있다. 목적어를 필요로 하는 타동사를 목적어 없이 미완성 상태로 사용한다든지, 전치사의 도움을 받아야 목적어를 취할 수 있는 자동사를 전치사 없이 사용하는 실수를 범하지 않기 위해서는 동사를 익힐 때 그 성격을 정확하게 파악할 필요가 있다.

The president did not reply/respond to the question
대통령은 그 질문에 대답하지 않았다(자동사).

The president did not answer the question.
대통령은 그 질문에 대답하지 않았다(타동사).

He is in prison waiting for trail.
그는 재판을 기다리면서 감옥에 있다(자동사).

He is in prison awaiting trial.
그는 재판을 기다리면서 감옥에 있다(타동사).

Are you going to attend the farewell party?
송별회에 참석할 계획인가요?(타동사 attend)

Due to the shortage of maids, career women in Malaysia are taking leave to attend to their children.
가사노동자의 부족 때문에 말레이시아 직업여성들은 아이들을 돌보기 위해서 휴가를 내고 있다(자동사 attend).

look의 변신

look은 대표적인 자동사이지만 다음의 세 번째, 네 번째 예문과 같은 관용적 표현에서는 타동사로 기능을 한다.

Look up the word in the dictionary.
그 단어를 사전에서 찾아보세요.

A group has been set up to look into the matter.
그 문제를 조사하기 위해서 팀이 꾸려졌다.

You don't look your age.
나이처럼 보이지 않아요.

Can you look me in the eye and say you are not lying?
내 눈을 똑바로 보고 거짓말이 아니라고 말할 수 있어요?

Rule 4

형용사나 부사만 비교급을 만들 수 있다?

We need to out-innovate, out-educate and out-build the rest of the world.
우리는 전 세계 모든 국가보다 더 혁신하고, 더 교육하고, 더 건설해야 한다.
(오바마 대통령의 연두교서 중에서)

중고등학교 주변을 지나가다 보면 손목, 발목 길이가 살짝 짧아 보이는 교복을 입고 다니는 학생들의 모습을 가끔씩 볼 수 있다. 키가 자라서 옷이 작아진 경우 영어에서는 outgrow one's clothes(옷 보다 더 자랐다)라고 표현한다. 어릴 때 가졌던 안 좋은 버릇을 철이 들면서 고쳐나가는 것도 outgrow one's bad habits라고 한다. 이렇게 outgrow처럼 동사 앞에 접두사 out을 붙이면 간단히 비교의 의미를 부여할 수 있다. 숫자가 더 많으면 outnumber, 상대편 보다 더 나은 전략을 사용하여 이기는 경우는 outmaneuver, 상대편 보다 더 나은 성취를 보이면 outperform 등과 같이 표현할 수 있는 것이다. 오바마 대통령이 2011년 연두교서에서 사용한 outinnovate, outeducate, outbuild와 같은 동사들은 outgrow, outnumber 등의 동사처럼 사전에 등록되어 일반적으로 사용되는 단어들은 아니지만 형성 방식이 동일하기 때문에 의미를 유추해 내는 데 전혀 무리가 없는 표현들이다. 접두사 over-도 overstay one's welcome과 같은 관용적 표현에서는 out-과 같은 기능으로 비교의 역할을 수행한다(outstay one's welcome으로 표현하기도 함). 손님이 환영보다 더 오래 머물렀다는 말은 주인이 마음속으로 이제 그만 갔으면 하고 생각한다는 뜻이다.

> The Senate candidate says that the incumbent senator has outlived his usefulness.
> 그 상원 후보는 현 상원의원이 유용성이 다했다고 말하고 있다.

> South Korean middle school students outperformed their American counterparts on mathematics achievement tests.
> 한국의 중학생들이 미국 중학생들보다 수학 성취도 평가에서 더 나은 성적을 냈다.

> We were outnumbered by the enemy.
> 우리는 수적으로 적에게 밀렸다.

> Hosni Mubarak has certainly overstayed his welcome and must step down.
> 이집트 사람들은 호스니 무바라크 대통령을 더 이상 원치 않고 있기 때문에 그는 사임해야 한다.

Rule 5

접두사가 동사에 비유적 의미를 추가할 수 있다.

1) re-

The Defense Secretary needs to revisit his decision on F-22.
국방장관은 F-22 전투기 구입 관련 결정을 재검토해 볼 필요가 있다.

rearrange(재배치하다), relocate(이전하다), reschedule(약속을 다시 잡다), remodel(내부수리를 하다) 등의 동사에서 알 수 있듯이 접두사 re-는 동사에 again의 의미를 더해준다. 그런데 위의 예문에서 revisit는 어떤 장소를 다시 방문한다는 직설적 의미(literal meaning)가 아니라 reconsider, reexamine 동사와 같은 의미로 '재고해보다'라는 비유적 의미(figurative meaning)로 사용되었다. 이렇게 접두사 re-는 본래의 의미에 더해 특별한 비유적 의미를 만드는 경우가 있는데 또 다른 예인 reinvent도 살펴보자. '다시 발명하다'는 직설적인 의미를 가진 reinvent는 reinvent the wheel과 같은 관용구에서 사용되어 '(이미 존재하고 있는 것을 만드느라) 쓸데없이 시간을 낭비하다'는 부정적인 의미로 사용되기도 하고, 재귀대명사(oneself)를 목적어로 취하여 '새로운 모습을 보이다,' '이미지를 변신하다(make over completely)'는 긍정적인 의미로도 사용된다.

U.S. senators and representatives from both sides of the aisle are urging Secretary of State Hillary Clinton to revisit the State Department's decision on M1 rifles.
미국 민주당과 공화당 상하원 의원들은 힐러리 클린턴 국무장관에게 M1 소총 (수입 금지) 관련 결정을 재검토할 것을 촉구하고 있다.

Nokia has reinvented itself many times since its origin in 1865 as a paper mill.
노키아는 1865년 제지 공장으로 출발한 이후 여러 차례 변신을 시도해 왔다.

Obama told America to reinvent itself to survive in a fast-changing global economy.
오바마 대통령은 미국이 급속히 변화하는 글로벌 경제에서 살아남기 위해서는 변화를 꾀해야 한다고 말했다.

2) back-

His plan backfired on him.
그의 계획은 역효과를 냈다.

backfire는 원래 자동차의 내연기관(internal combustion engine)에서 화염이 역행하는 역화 현상을 가리키는 표현이지만 '예상치 못했던 원치 않는 결과를 낳다,' '역효과를 내다'와 같은 비유적 표현으로 자주 사용된다. 직역하면 자전거의 페달을 거꾸로 밟는다는 의미를 지닌 동사 backpedal, 걸어온 길을 되짚어간다는 의미의 backtrack 동사 역시 이전의 약속이나 계획, 입장 등을 철회한다는 비유적 의미로 더 자주 활용된다.

The plan to hold a surprise party for him backfired on us when he did not show up.
그를 위해 깜짝파티를 열고자 했던 우리의 계획은 주인공의 불참으로 실패로 돌아갔다.

The government is already backtracking from its earlier position.
정부는 벌써 이전의 입장에서 후퇴하고 있다.

Facing stiff opposition, the company was forced to backpedal on its initial decision to lay off 5,000 workers.
강한 반대에 직면한 그 회사는 5천명을 정리해고 하겠다는 결정을 번복할 수밖에 없었다.

Rule 6

동사와 명사 목적어의 연어(collocation)에 유의하라.

- **Did he beat or win his competitor?**

beat와 win은 우리말로는 둘 다 '물리치다,' '이기다'라는 뜻이지만 문장에서 서로의 자리를 대신할 수 없다. beat는 동사 defeat와 유의어로 '(경쟁, 시합, 선거 등에서) 상대방을 이기다'는 의미를 가져 상대방 혹은 상대팀을 직접목적어로 취할 수 있다. 반면, win은 경쟁, 시합, 선거, 상 등은 바로 직접목적어로 취하지만 상대편 선수나 팀을 이겼다고 표현할 경우는 전치사 against의 도움을 받아 win against somebody의 형태로 사용해야 한다.

He beat me at tennis.
그는 테니스에서 나를 물리쳤다.

If you can't beat them, join them.
이길 수 없는 상대라면 같은 편이 되어라.

Our team won the game hands down.
우리 팀이 아주 쉽게 그 경기를 이겼다.

The youngest competitor won the first place in the International Guitar Festival.
국제 기타 축제에서 가장 어린 참가자가 1등상을 차지했다.

Rule 7

동사의 뜻밖의 의미에 주의하라.

1) Betrayed by the word betray

betray를 '배반하다'의 의미로만 알고 있었던 학생들은 이 단어가 '드러내다,' '보여주다'라는 전혀 의외의 의미를 갖고 있다는 것을 알면 배신감(?)을 느낄지도 모른다. 하지만 어원을 파고 들어가 보면 관련이 없어 보이는 이 두 의미가 사실은 서로 통하고 있다는 것을 알 수 있다. betray는 '넘겨주다,' '건네주다(hand over)'란 의미를 지닌 라틴어 tradere에서 파생되었다. 우리가 잘 알고 있는 'tradition'이란 단어도 같은 어원에서 나왔다. 적에게 중요한 정보, 또는 심한 경우에, 나라를 통째로 넘겨주면 '배반하다'가 되는 것이고 대중들이나 일반 사람들에게 어떤 정보나 사실을 알려주면(make known, make public) '드러내다,' '보여주다'의 의미가 되는 것이다.

I felt cheated and betrayed.
나는 속고 배신당한 느낌이었다.

She said that she was OK, but her eyes betrayed her true feelings.
그녀는 괜찮다고 말했지만 눈을 보면 그것이 진심이 아니란 걸 알 수 있었다.

His accent betrayed the fact that he was not from this town.
그의 말투를 보면 그가 이 도시 출신이 아니란 걸 알 수 있었다.

2) He was compromised by the incident.

compromise는 서로 조금씩 양보하여(make concession) 중간쯤에서 만나(meet half way) 서로가 만족하는 지점(find happy medium, find middle ground)을 찾아내는 절충, 협상 과정을 의미하는 명사나 동사로 흔히 사용된다. 명사로 사용되어 '절충점에 이르다'라고 표현할 때는 make/reach/arrive at 등의 동사와 함께 결합(collocation)되고, '~와 ~에 대해서 의견 절충을 시도하다'는 동사의 의미로 사용할 때는 'compromise with somebody on something'의 패턴을 취한다. 이 경우 compromise는 자동사로 기능하기 때문에 목적어를 직접 받지 못하고 전치사 with의 도움을 받아 목적어를 가질 수 있다. 반면, 목적어를 바로 취하는 타동사로 사용될 때는 색다른 의미가 추가된다. 믿음, 원칙, 기준, 기회 등을 목적어 자리에 두고 '타협하다,' '굽히다,' '약화시키다' 등의 의미로 사용되거나 사람, 혹은 어떤 상태를 목적어 자리에 받아 어리석은 행동으로 '불명예스러운 위치에 놓이다,' '위태로워지다'라는 뜻을 갖는다. 또한 위의 문장처럼 be compromised by~는 '~으로 위태로워지다'라는 의미로 많이 쓰이므로 한데 묶어 익혀두는 게 좋다.

I had no choice but to compromise with my husband on our vacation getaway.
휴가 장소에 대해서 남편과 절충하는 수밖에 없었다.

She refused to compromise her principles.
그녀는 자신의 원칙을 굽히려 하지 않았다.

I think the new plan will compromise safety in the plant.
나는 그 새로운 계획이 공장 내 안전을 위태롭게 할 것이라고 생각한다.

3) He was tried for murder.

동사 try가 법정 용어로 사용되면 '어떤 사람이나 사건을 재판하다'는 뜻이 된다. '~를 재판에 회부하다'라고 표현할 때는 명사형인 trial을 이용하여 put somebody on trial이라고 할 수 있다.

The case was tried before a grand jury.
그 사건은 대배심원이 구성되어 재판이 이루어졌다.

His case will be tried in the Supreme Court.
그의 사건은 대법원에서 다루어질 것이다.

He is in detention waiting for trial.
그는 재판을 기다리면서 구금 상태에 있다.

He is awaiting trial and could face up to 52 years in a military prison if convicted.
그는 재판을 기다리고 있으며 유죄 판결을 받을 경우 군사 감옥에서 최대 52년을 복역할 수도 있다.

Rule 8

유래를 알면 더 확실히 기억되는 동사들을 체크해두자.

- **eavesdrop**

설립 당시 미국 정부가 그 존재를 강력하게 부인하여 No Such Agency란 별명을 가지고 있는 미 국가안보국(NSA: National

Security Agency)은 테러 활동의 증거를 찾는다는 미명하에 국내외 수천 명의 테러용의자에 대해 영장 없는 도청을 실시하여 국가 안보와 프라이버시 논쟁(national security vs. privacy debate)을 촉발시킨 적이 있다. NSA의 인터넷 사용 내역, 전화 도청 및 감청 기술은 거의 Big Brother의 수준과 다를 바 없을 정도로 정교하고 완벽하다고 한다. 그런데 정교한 도청기기(sophisticated bugging devices)가 없던 시절에는 빗물이 뚝뚝 떨어지는(drip off the roof) 남의 집 처마(eaves) 아래 숨어서 집안에서 들리는 소리를 귀를 쫑긋 세워서 엿듣는(overhear) 방법밖에 없었는데 여기서 유래한 표현이 바로 처마 밑에서 엿듣다, 즉'도청하다'의 의미를 지닌 단어 eavesdrop이다. 도청 장치는 bug 또는 wiretap이라고 하며 이 단어들은 동사로도 사용된다. 이처럼 단어량이 방대하고 문장에서 가장 중요한 역할을 차지하는 동사를 어떤 스토리와 연관지어 학습해둔다면 훨씬 더 쉽게 그 의미들을 떠올릴 수 있을 것이다. 특히 아래와 같은 예문들에서는 동사의 뜻을 알고 있느냐 그렇지 못하느냐에 문장 전체 독해의 성패가 달려있다고 해도 과언이 아니다.

He has been eavesdropping on us.
그가 우리를 도청 중이었어.

His political opponent bugged his office.
그의 정치적 라이벌이 그의 사무실을 도청했다.

The police have wiretapped his cell phone.
경찰은 그의 휴대폰을 도청했다.

Rule 9

동사의 뉘앙스에 유의하라.

언어의 대표적 속성 중 하나가 사회성이다 보니 단어들도 세월의 영향에 따라 의미가 변화하기도 한다. 사전에 실려 있는 의미라도 이미 사회성을 상실하여 등록된 의미로 사용되지 않는 경우도 있고, 강한 사회성을 획득한 한 가지 의미가 나머지 의미들을 다 가려버림으로써(overshadow) 특정 의미로만 인식되는 경우도 있다. 예를 들어, molest 동사는 사전적으로는 bother, disturb 동사와 같이 '~를 괴롭히다,' '못살게 굴다'라는 의미도 있고, '~를 공격하여 해를 입히다'는 의미도 있지만 현대 미국인들이 molest 동사에서 받는 이미지는 '여성이나 아이들을 성적으로 추행하거나 폭행하다'는 아주 부정적인 성적 함축성(very negative sexual connotation)이다. 이 의미가 너무 강하게 작용하다 보니 과거에 사용되었던 다른 의미는 거의 유용성을 상실해 버리는 것이다. 이와 유사한 의미 변화를 보여주는 또 다른 예로 형용사 intimate를 들 수 있다. intimate는 실제로 '가깝고 친밀한 사이(very close and friendly relationship)'를 묘사하는 형용사로도 사용되지만, 'sexual relationship'을 가진 사이를 묘사하는 의미가 부각되면서 여타 의미를 가려 버리는 결과를 낳았다. 따라서 단어를 접할 때는 사전에는 드러나지 않은 미묘한 뉘앙스가 존재하는지 주의할 필요가 있다.

The jury found him guilty of molesting a young girl.
배심원단은 어린 여자아이 성추행에 대해서 그에게 유죄 평결을 내렸다.

The child molester was sentenced to 5 years in prison.
아동 성추행범은 5년형을 선고받았다.

They are on intimate terms.
그들은 친밀한 사이다. ('성적으로 친밀하다'는 뉘앙스로 많이 쓰인다.)

Rule 10

어근이 같은 동사끼리는 묶어두자.

- **precede/recede/secede**

어원(etymology)에 특별히 관심이 있지 않더라도 같은 어근(root)에서 출발한 단어들을 함께 묶어서 익혀두면 의미도 쉽게 기억할 수 있고 스펠링 실수도 줄일 수 있다. precede, recede, secede 동사에 공통적으로 들어있는 어근 cede는 go를 뜻하는 라틴어 cedere에서 파생되었다. before를 의미하는 접두사 pre-가 붙어서 만들어진 precede는 go before, 즉 '먼저 가다,' '~보다 앞서 일어나다'의 의미가 된다. 여기서 파생된 명사 precedent(선례), 형용사 unprecedented(전례 없는)도 보너스로 건질 수 있다. 동사 recede는 back을 의미하는 접두사 re-가 붙어 '뒤로 물러나다,' '후퇴하다'의 의미가 된다. 의회의 휴회나 학교의 휴식시간을 의미하는 명사 recess, 경기침체를 뜻하는 명사 recession도 recede 동사에서 파생되었다. secede 동사에 붙은 접두사 se-는 apart를 뜻한다. 따라서 secede는 go apart, 즉

'분리되다,' '분리 독립하다'는 뜻으로 사용된다. 인종이나 종교 또는 언어의 차이로 소속된 국가에서 떨어져 나가려는 분리주의자들을 secessionist라고 하는데 역시 secede 동사에서 파생되었다.

The flash of lightening precedes the sound of thunder.
번개가 치고 난 후 천둥소리가 들린다.

I was surprised to see his hair beginning to recede.
벌써 그의 이마가 벗겨지기 시작하는 걸 보고 놀랐다.

The people of Quebec decided not to secede from Canada through a referendum.
퀘백주 사람들은 투표를 통해서 캐나다로부터 분리 독립하지 않기로 결정했다.

The ruling set a precedent for future cases.
그 판결은 차후 사건들에 대한 선례가 되었다.

Rule 11

시대가 바뀌면 동사도 바뀐다.

- **commute vs. telecommute**

직장에 출근을 한다는 것이 오로지 일을 하기 위한 목적만 있는 것은 아니다. 정수기(water cooler)에서 물을 마시다가 동료들과 가십(gossip)도 나누고 점심이나 회식을 함께 하면서 동료애(camaraderie)를 다지기도 한다. 그런데 출근하지 않고 집에서 일을 하고 결과물은 팩스나 이메일로 보내며 동료들과의 소통은 전화나 메신저로 하게 된다면 우리는 과연 틀에서 벗어난 자유로움을 느끼게 될까? 그런 시대가 실제로 도래하여 commute가 아닌 telecommute를 하고 있는 직장인(?)들이 있다. telephone, telescope, telepathy 등의 단어를 이끌고 있는 접두사 tele- 는 far, far off, at a distance 등과 같이 먼 거리를 의미하지만 telecommute 동사의 tele- 는 원거리의 의미가 아니 원격성의 의미를 갖는다. telecommute는 컴퓨터 단말기를 이용하여 가상으로 통근하는 재택근무를 의미하며 commute 동사 대신 work 동사를 사용하여 telework라고도 한다. 명사형은 telecommuting/teleworking, 재택근무자는 telecommuter/teleworker라고 한다. 집에서 근무하니까 간단하게 work at home이라고 표현할 것 같지만 원격 컨트롤의 의미를 부여하기 위해서 실제로는 work from home이라고 한다.

> Not only workers but also our environment can benefit from telecommuting.
> 재택근무는 직장인들 뿐 아니라 우리의 환경에도 혜택을 준다.

> Studies show that companies, which allow their employees to work from home, or telecommute, see an increase in productivity.
> 재택근무를 허용하는 회사의 생산성이 더 높다는 연구결과가 나왔다.

Rule 12

문장의 형식에 따라 동사의 의미도 바뀐다.

find 동사는 우리가 보통 이용하는 다섯 가지 형식의 문장 분류 방식 중 3,4,5형식으로 사용할 수 있다. 3형식에서는 '~을 찾다,' 수여동사 패턴이라 불리는 4형식에서는 '~에게 ~을 찾아주다,' 5형식에서는 약간 의미가 달라지면서 '~을 ~라고 생각하다'의 의미를 갖는다. 용법이 다소 특이한 5형식 예문을 몇 가지 살펴보자.

A: How did you find the movie Star Trek?
B: I found it fantastic.

A: 스타트랙 어땠어요?
B: 너무 재미있던데요.

I found it hard to refuse his proposal.

그의 제안을 거절하는 것이 아주 어렵다고 생각했다.

I hope this letter finds you well.

(편지 첫머리에) 안녕하셨습니까? (그 동안 건강하셨기를 바랍니다.)

Rule 13

구어체에서는 한 단어의 동사(one-word verb)보다 동사구(phrasal verb)가 더 자연스럽다.

   한국 학생들의 어휘 실력은 실제로 원어민들도 깜짝 놀랄 정도의 수준이다. 하지만 우리가 알고 있는 어려운 동사들을 실제 대화에서 사용하면 문장을 구성하고 있는 다른 단어들과 '따로 놀고 있다'는 느낌을 지울 수 없을 때가 있다. 예를 들어, 연평도 사태 이후 이명박 대통령은 북한이 다시 한번 무력 도발을 할 경우 강력하게 보복하겠다는 취지의 발언을 했다. 대화체에서 이를 옮길 경우 '보복하다'의 의미를 지닌 retaliate 동사 하나를 사용하는 것 보다 strike back 또는 hit back (hard) 등과 같은 동사구(phrasal verb)를 사용하는 것이 훨씬 더 자연스럽다는 것이다. '메시지를 전하다'라고 할 때도 communicate/convey/deliver 등과 같은 한 단어 동사들이 표현은 정확하지만 구어체에서는 get the message across와 같은 동사구가 더 자연스럽게 어울린다. '(어떤 행사나 활동에) 참석하다,' '모이다,' '나타나다' 등의 의미도 attend, assemble, appear 등 한 단어의 동사로 표현하기 보다는 동사구 turn out을 이용하는 것이 대화체에 더 잘 어우러진다. 영어 시험 대비 목적으로 높은 수준의 동사 어휘를 많이 접할 필요도 있겠지만, 구어체에서는 one-word verb를 대체하는 동사구가 '빵과 버터 같은' 기본 표현(bread and butter of everyday language)임을 기억할 필요가 있다. 따라서 동사를 접할 때는 같은 의미의 동사구를 떠올려보고 짝을 지어 익히는 습관을 가져보자. refuse는 turn down, learn은 pick up, explode는 blow up, cancel은 call off, review는 go over 등과 같이 짝을 지어 정리하고 동사구를 직접 활용하여 예문을 몇 개 만들어 보는 것도 좋은 방법이다. 예문을 위한 예문 만들기가 아니라 자신의 상황에 맞는 true sentence를 만들어 보면 필요한 순간이 도래했을 때 유용하게 사용할 수 있을 가능성이 한층 더 높아진다.

A : I am so nervous. I have to give a presentation in English tomorrow.
B : Try to focus on getting your message across. That's what matters most in any type of communication.
A: 너무 떨려. 내일 영어로 프리젠테이션을 해야 해.
B: 메시지를 전달하는 데 집중을 해. 어떤 의사소통이든 그게 제일 중요한 거잖아.

About one thousand people turned out for the outdoor concert.
약 천명이 야외 콘서트에 참석했다.

People from all walks of life turned out for the funeral of the assassinated political leader.
각계각층의 사람들이 암살당한 정치 지도자의 장례식에 참석했다.

Thanks for a great turnout.
많이 참석해 주셔서 감사합니다.

Despite strenuous efforts of the Election Commission, the voter turnout was as low as 40%.
선거관리위원회의 적극적 노력에도 불구하고, 투표 참가율은 40%에 그쳤다.

81

INTRO.

숫자가 끝도 없이 많아 보이는 동사, 명사, 형용사 등과 같은 품사에 비하면 전치사는 얼핏 보면 공부할 것도 없는 품사처럼 보인다. 하지만 막상 문장에서 사용하려고 시도하면 for를 써야할지 to를 쓸지, at이 옳은지 with가 옳은지 살짝 헷갈리게 만드는 게 또 전치사이기도 하다. 전치사의 용법을 익히는 유용한 방법을 하나 소개해 보자면, 잘 쓰여 진 기사들을 골라 출력한 후 전치사 부분만 형광펜으로 표시해 가면서 읽어보는 것이다. 전치사가 어떤 역할로 쓰이고 있는지를 문맥 속에서 파악해 보는 연습을 여러 번 거치다 보면 각 전치사의 기능을 제대로 이해할 수 있다. 전치사의 기능을 정확히 파악해 두면 문장을 아주 간결하고 깔끔하게 표현할 수 있다. 예를 들어, "저는 기혼이고 아들이 둘 있어요." 라는 문장을 영어로 옮긴다고 생각해보자. 물론 "I am married and I have two sons."라고 해도 충분히 의미가 통하지만 "I am married with two sons."라고 전치사 with를 사용하여 표현하면 더할 나위 없이 간결해 진다. "그는 그 문제를 처리하지 않아서 비난을 받았다."라고 할 때도 "He was criticized, because he failed to deal with the problem."이라고 주절, 종속절의 두 문장으로 표현하지 않고 "He was criticized for failing to deal with the problem."처럼 전치사 for를 동원하여 깔끔하게 한 문장으로 정리해낼 수 있다. 전치사는 기능만 잘 파악해 두면 유용성이 제법 뛰어난 품사이다.

4. 전치사 쓰기의 기본 규칙들

> **Rule 1**
>
> 전치사 뒤에는 명사만 온다?

전치사(前置詞)의 한자어를 풀어보면 '앞에 위치하는 품사'라는 뜻을 갖고 있다. 영어로도 앞을 뜻하는 접두사 pre와 위치를 뜻하는 position이 결합하여 preposition이라고 불린다. 전치사가 앞장서서 이끌고 있는 품사는 대부분 명사 아니면 동명사이기 때문에 전치사는 사실상 '명사 앞에 위치하는 품사'로 정의되어 있다. 그러나 '전치사+명사/동명사'라는 패턴에 너무 얽매이다 보면 아주 유용한 문장 구사 방법 하나를 놓칠 수 있다. 영어를 듣거나 읽을 때 의식을 하고 관찰해 보면 원어민들이 전치사 뒤에 의문사절을 연결시키는 패턴을 상당히 보편적으로 사용하고 있다는 것을 알 수 있다. 전치사 뒤에 명사나 동명사를 연결하는 것이 아니라 who, what, when, how, why, where, whether 등의 의문접속사로 시작하는 명사절을 만드는 것이다. 이 패턴에서 주의할 점은 의문사절 안의 어순이다. 의문사절은 실제 의문문이 아니라 앞서 나온 평서문에 포함된 종속절, 즉 간접의문문이기 때문에 의문사+동사+주어의 의문문 어순이 아닌 의문사+주어+동사의 평서문 어순을 취해야 한다. 기회가 있을 때마다 writing이나 speaking을 통해서 자주 실험해보는 것이 이 패턴에 익숙해지는 지름길이다.

Critics raise questions about how the electrician got Picasso's works.
비평가들은 그 전기기술자가 어떻게 피카소의 작품을 획득하게 되었는지 의문을 제기하고 있다.

There is a limit to what the government can do.
정부가 할 수 있는 역할에도 한계가 있다.

It all depends on how much money you are willing to spend.
모든 것은 네가 얼마나 많은 돈을 쓸 의사가 있는가에 달려있다.

Negotiators are trying to reach an accord setting legal limits on how much major countries would be allowed to pollute.
협상가들은 주요국들의 온실가스 배출을 어느 정도 허용할지 법적 한계를 정하는 합의에 도달하려고 노력하고 있다.

Switzerland voted in a referendum on Sunday on whether it should automatically expel foreign residents convicted of certain crimes.
스위스는 특정 범죄로 유죄 판결을 받은 외국인을 자동적으로 추방할지 여부를 묻는 국민투표를 일요일에 실시했다.

Rule 2

전치사 in이 시간의 경과를 의미할 때도 있다.

전치사 in이 시간을 나타내는 명사와 결합하여 시간의 경과를 의미할 때가 있다. 이 용법으로 사용될 때 부사 later, 또는 전치사 after와 혼돈되어 잘못 쓰이는 경우가 많다. 예를 들어, "5분 후에 만나자."라고 표현할 때 '~후에'라는 말 때문에 "See you five minutes later." 또는 "See you after five minutes."로 표현하는 경우가 있는데 둘 다 잘못된 표현이다. 현재 말하고 있는 시점에서부터 미래의 시간을 언급할 때는 반드시 전치사 in과 함께 사용해야 한다.

I will be back in a few minutes.
몇 분 후에 돌아올게.

Your leather jacket will be ready to pick up in about a week.
맡기신 가죽 재킷은 1주일쯤 후에 찾으러 오시면 됩니다.

What do you think you will be doing in 5 years?
5년 후에는 어떤 일을 하고 있을 거라고 생각해?

Rule 3

전치사 하나가 큰 차이를 만든다.

- **"approve" & "approve of"**

동사 approve와 동사구 approve of는 전치사 of 하나 차이로 의미가 크게 달라진다. approve 동사는 의회, 위원회, 정부 관청

등 어떤 권한 또는 권위(authority)를 가진 기구나 그 대표가 계획이나 제안 등을 승인하는 것을 의미하는 반면, approve of는 단순히 주어가 대상인 목적어에 대해서 좋게 생각하고, 찬성하고, 지지한다는 의미를 담고 있기 때문에 authority를 갖고 있지 않은 일반인들도 사용할 수 있는 표현이다.

> The Food and Drug Administration approved the new cancer treatment.
> FDA(미국 식약청)은 새로운 암 치료법을 승인했다.
>
> I do not approve of the way he is handling the issue.
> 나는 그가 그 문제를 다루고 있는 방식이 마음에 들지 않아.
>
> I don't approve of people smoking in restaurants.
> 나는 개인적으로 사람들이 식당에서 담배 피는 것을 반대한다.
>
> It was a popular decision that almost everyone approved of.
> 그것은 거의 모두가 지지한 대중적인 결정이었다.

Rule 4

명사와 전치사의 연어(collocation)

명사와 그 뒤에 이어오는 전치사 사이에도 연어 관계가 존재한다. 예를 들어, "나는 그 식당의 부실한 서비스에 대해서 항의하고 싶다."라는 표현을 한다고 가정해보자. '~에 대해서'라는 전치사 자리에 의미를 따져보면 on과 about 둘 다 올 수 있겠지만 '항의'라는 명사 complaint는 전치사 about과 언어 관계를 가지므로 "I want to make a complaint about the poor service of the restaurant."라고 해야 옳은 표현이 된다. '~에 대한 광고'라고 할 때 명사 advertisement가 선택한 전치사는 for, '~에 대한 불만족'이라고 할 때 dissatisfaction과 언어를 이루는 전치사는 at 또는 with이다. 명사와 그 뒤에 이어지는 전치사의 언어 관계는 하나의 덩어리(chunk)처럼 정리해서 기억해 둘 필요가 있다.

I am writing in reply to your advertisement for a part-time sales clerk.
판매원 모집 광고를 보고 이 글을 씁니다.

I think solar energy can be a viable solution to reducing oil dependence.
태양열 에너지가 석유 의존을 줄이는 현실적인 해결책이 될 수 있다고 생각한다.

The figure reflects employees' dissatisfaction with the lack of training.
그 수치는 연수 기회 부족에 대한 직원들의 불만을 반영하고 있다.

Many readers have written to express their dissatisfaction with the biased reporting.
많은 독자들이 편견이 개입된 보도에 대한 불만을 표현하는 글을 보냈다.

The Korean government made a formal complaint about Japan's distortion of historical facts.
한국 정부는 일본의 역사 왜곡에 대해 공식적으로 항의했다.

A majority of the respondents said that they needed help with English speaking skills.
응답자의 대다수는 영어 말하기 능력에 대한 도움이 필요하다고 대답했다.

Rule 5
분사의 탈을 쓴 전치사

현재분사나 과거분사의 형태를 띠고 있지만 전치사로 기능하는 유용한 단어들이 몇 개 있다. '~와 관련하여'라는 의미로 사용되는 regarding, concerning, respecting, '~을 고려해 볼 때'라는 뜻을 가진 given, considering, 전치사 after의 의미와 같은 following, '~을 포함하여'라는 의미의 including, 전치사 until과 같이 '~할 때까지, ~을 기다리는 동안(while awaiting)'의 의미로 사용되는 pending 등, 분사 형태를 띤 전치사들을 예문과 함께 정리해보자.

I would like speak to you regarding my assignment.
과제와 관련하여 통화를 하고 싶습니다.

I have some questions concerning your presentation.
발표 내용과 관련하여 질문이 좀 있어요.

He is in very good health, given his age.
그이 나이를 고려해 볼 때 건강 상태가 아주 양호하다.

Given the time, we've gotta leave now.
현재 시간을 고려해 볼 때 우리는 지금 출발해야 한다.

Considering the poor quality, I think the price is outrageous.
품질을 고려해 볼 때 그 가격은 터무니없이 높다.

He couldn't work following the stroke.
뇌졸중 이후에 그는 일을 할 수 없게 되었다.

The price is $70 including $10 for delivery.
가격은 배달료 10달러를 포함해서 총 70달러이다.

We cannot supply you pending payment.
대금을 지불할 때까지 공급을 할 수 없습니다.

Pending his return, there is nothing we can do about it.
그가 돌아올 때까지 우리가 할 수 있는 것이 별로 없다.

Rule 6

전치사 to와 to부정사의 to를 구별하라.

편지나 이메일의 마무리 멘트로 가장 흔히 쓰는 표현이 아마 "I'm looking forward to hearing from you."가 아닐까? 여기에 사용된 to가 to부정사(to+동사원형)의 to라면 hearing이 아니라 동사원형 hear를 사용했겠지만 이 문장의 to는 "He has gone to the States(그 사람 미국 가고 여기 없어요)."라는 문장에 사용된 to와 다를 바 없는 전치사 to이다. 전치사 to 뒤에는 명사 또는 동사에 -ing를 붙여 명사로 바꾼 동명사만이 올 수 있다. 자칫 부정사로 오해하기 쉬운 전치사 to가 사용된 표현들은 다음과 같다.

I'm looking forward to welcoming you to the conference.
컨퍼런스에서 만날 수 있기를 학수고대합니다.

Do you object to working on Sundays?
일요일 근무하는 거 반대하나요?

I'm not used to driving in a big city.
대도시에서 운전하는데 익숙하지가 않아요.

I prefer singing to dancing.
춤추는 거 보다는 노래하는 게 더 좋아요.

What do you say to catching a movie this Saturday?
이번 주말에 영화 한편 보는 거 어때요?.

Rule 7

전치사 with를 이용한 분사구문

날씨가 추워지면 공익광고(public service announcement)에 단골로 등장하는 주제가 에너지 절약이다. 최근 개국 2주년을 맞은 교통방송 영어 라디오 채널인 TBS eFM의 에너지 절약 광고를 들어보면 "With winter approaching, it's easy to turn the thermostat up(겨울이 다가오면 보일러 온도를 높이기 쉽다)." 라는 표현이 나온다. 사실 이 문장은 "겨울이 다가온다"는 문장과 "온도를 높이기 쉽다"는 문장 두개가 한 문장 속에 들어있지만, 앞 문장을 approach 동사의 현재분사 형태를 이용해서 (분사)구로 전환한 것이다. 분사구문(participle clauses)이라고 불리는 이러한 전환 패턴은 두 문장의 주어가 동일할 때 적용하는 것이 일반적이지만 이 광고 카피처럼 주어가 다른 경우에 시도되기도 한다. 설명의 편의상 분사구문으로 전환하기 이전 형태로 한번 돌려보겠다. "As winter approaches, it's easy to turn the thermostat up." 앞 문장의 주어는 winter, 뒤에 오는 문장의 주어는 가주어 it이다. 두 문장의 주어가 동일한 경우 분사구문 전환의 기본 공식은 ① 접속사와 주어를 생략하고, ② 남겨진 동사를 현재분사로 전환하는 것이다. 하지만 이 예문의 경우 주절(main clause)의 주어와 접속사 as가 이끌고 있는 종속절의 주어가 다르기 때문에 접속사만 생략하고 주어 winter는 분사로 전환된 approaching 앞에 남겨둬야 한다. 이때 분사 앞에 간신히 매달려 있는 주어는 문법적 존재 이유가 아주 약할 수밖에 없다. 주절과 종속절의 주어가 동일한 경우 분사구문 패턴을 적용한다는 문법 규칙을 어기고 탄생했기 때문이다. 입지가 약한 이 주어를 보강해 주는 역할을 하는 전치사가 바로 with이다. with는 분사 앞에 간신히 매달려 있던 주어를 받쳐주면서 '전치사의 목적어'라는 새로운 포지션을 제공한다. 또한 현재분사는 전치사의 목적어가 된 주어를 설명해주는 목적보어 역할을 하게 됨으로써 문법적 결함이 깔끔하게 정리가 된다. 전치사 with의 목적어와 목적보어는 이전 문장에서 주어와 동사 관계에 있었기 때문에 해석을 할 때는 주어와 동사의 관계로 풀어서 하는 것이 자연스럽다.

With my husband working in London and me traveling most of the week, the house seems pretty empty.
남편은 런던에서 일하고 나도 한 주의 대부분의 시간을 밖에서 보내기 때문에 우리 집은 거의 빈 집처럼 보인다.

The car roared past with smoke pouring from the exhaust pipe.
자동차가 배기가스를 뿜으면서 큰 소리를 내며 지나갔다.

With festive lights illuminating buildings and trees and the din of charity collectors' bells in the air, there is no forgetting that Christmas is almost here.
축하 분위기의 조명들이 건물과 나무들을 장식하고 자선냄비 종소리가 공기 중에 퍼져 있는 걸 보면 크리스마스가 코앞에 다가왔음을 깜빡 잊는다는 것은 불가능한 듯하다. (in the air 앞에는 현재분사 being이 생략되어 있음).

With Christmas approaching, year-end parties are fast filling reservations at restaurants and bars.
크리스마스가 다가옴에 따라 송년회 행사로 식당과 술집 예약이 빨리 채워지고 있다.

With President Hu Jintao coming to Washington in about a week, this issue has rocketed toward the top of the US-China agenda.
약 일주일 후면 후진타오 중국 국가주석이 미국을 방문하는 상황에서 이 문제는 미-중 관계의 최우선 의제로 부상했다.

INTRO.

부사나 형용사는 대개 수식어(modifier)로 기능을 하는 품사들이다. 형용사는 명사를, 부사는 형용사, 동사, 다른 부사를 수식하는 데 사용된다. 수식을 하는 이유는 수식 받는 단어를 돋보이게 하기 위해서다. 특히 부사는 수식 받는 단어에 강조 효과를 주거나, 문장을 자연스럽게 연결시켜 주거나, 때로는 전체 의미까지 좌우해 가면서 문장을 완성시켜 주는 역할을 수행한다. 명사, 동사와 같은 주 재료는 아니지만 감칠맛을 더해주는 양념 같은 역할을 한다고 볼 수 있다. 형용사와 명사의 연어 관계처럼 부사와 형용사, 부사와 동사의 연어 관계를 주의 깊게 보고 익혀서 보다 완성도 높은 문장 만들기를 지향해 보자.

5. 부사 쓰기의 기본 규칙들

Rule 1

동의어라도 용법이 다른 부사에 주의하라.

- **overseas vs. abroad**

abroad와 overseas는 완전한 유의어 관계로 보이지만 쓰임새는 약간 차이가 있다. abroad는 부사로만 사용할 수 있는 반면 overseas는 명사 앞에서 명사를 수식하는 한정적 용법의 형용사로도 사용이 가능하다. 해외여행(overseas trip), 해외 방문객(overseas visitors), 해외 지점(overseas branch) 등과 같은 복합어에는 abroad를 사용할 수 없는 것은 바로 이런 이유 때문이다. abroad는 부사이기 때문에 전치사와 함께 쓸 수도 없다. 따라서 go to abroad, in abroad 등과 같은 표현은 잘못된 표현이다. 그러나 전치사 from은 관용적으로 abroad 앞에 사용이 가능하다.

He lived abroad for many years.
그는 해외에서 몇 년 동안 살았다.

She came back from abroad, saying how much she had missed her home and family.
그녀는 해외에서 돌아오면서 집과 가족이 너무 그리웠다고 말했다.

Rule 2

방향을 가리키는 부사들 -ward/-wards

-ward로 끝나는 단어들은 모두 방향과 관계가 있다. -wards로 마지막에 s가 붙어있는 스펠링은 영국식이고 미국 영어에서는 s 없이 사용한다. 명사 앞에 놓이면 형용사로도 사용될 수 있으며 동사 뒤에서는 부사의 역할을 한다. -ward로 끝나는 단어 중 toward/towards의 경우만 예외적으로 형용사나 부사가 아니라 전치사로만 사용된다.

I leaned forward to see better.
나는 더 잘 보려고 몸을 앞으로 기울였다.

People with dyslexia see words backward. For example, when we see 'saw,' they see it as 'was.'
난독증이 있는 사람들은 글자의 방향을 거꾸로 본다. 우리가 'saw'라고 보는 단어가 난독증 환자에게는 'was'로 보인다.

When working on a large jigsaw puzzle with over 1,000 pieces, one needs to start with the edges and work inward.
조각이 천개가 넘는 큰 퍼즐을 풀 때는 가장자리부터 먼저 시작해서 안쪽으로 들어가야 한다.

Around 5 percent of my salary goes toward a pension fund.
월급 중 약 5%는 연금으로 들어간다.

Rule 3

-ly로 끝난다고 모두 부사는 아니다.

quietly, slowly, wonderfully, carefully, really 등과 같이 형용사에 -ly를 더해서 부사가 되는 단어들이 많다. 그러나 lonely, deadly와 같은 단어는 예외적으로 형용사에 -ly가 추가되어 형성되었지만 부사가 아니라 형용사로 쓰인다. 또한 friendly, lovely, cowardly 등과 같이 명사에 -ly를 더하면 부사가 아닌 형용사가 된다. daily, weekly, monthly, yearly등과 같은 단어들은 명사에 -ly가 더해졌지만 형용사뿐 아니라 부사나 명사로도 사용될 수 있다. "A daily paper is published daily."와 같은 문장에서 앞에 온 daily는 형용사로, 뒤에 오는 daily는 부사로 사용된 것을 볼 수 있다. 에세이를 작성하는 경우와 같이 문장을 조금 딱딱하게(formal) 표현해야 하는 경우에는 한 단어의 부사 대신에 전치사구를 이용하여 길게 늘여 쓰는 방법이 있다. 예를 들어, daily, weekly, monthly, yearly라고 할 것을 on a daily/weekly/monthly/yearly basis라고 표현한다거나 regularly라고 하지 않고 on a regular basis와 같이 표현하면 뜻은 같지만 보다 더 격식을 차린 문장을 만들 수 있다. 또한 friendly나 orderly와 같이 부사로 쓸 수 없는 형용사의 경우에도 in a friendly(orderly) way/manner/fashion 등과 같은 방식으로 둘러서 같은 의미를 표현할 수 있다.

Unlike in many countries where rent is paid on a monthly basis, the entire year's rent is paid upfront

in Dubai.
집세를 월 단위로 지불하는 많은 국가들과 달리 두바이에서는 1년치 집세를 선불로 내야한다.

Do you have to travel on a regular basis?
출장을 정기적으로 가야 하나요?

While the school was evacuated, the students behaved in an orderly manner.
학생들은 대피하면서 질서정연하게 움직였다.

He spoke to me in a very friendly way.
그는 나에게 아주 다정하게 말을 걸었다.

Rule 4
특이한 의미의 부사들에 유의하라.

1) dead

형용사 dead는 설명할 필요가 없는 단어이지만 부사로 쓰이는 dead는 다소 생소할 수 있다. 주로 구어체에서 자주 사용되는 부사 dead는 'exactly,' 'directly,' 'completely,' 'absolutely,' 등의 의미를 갖는다.

His shot was dead on target.
그의 사격은 정확하게 과격에 명중했다.

I've been on my feet all day. I'm dead tired.
하루 종일 서 있었어. 완전히 피곤해 죽겠다.

I am dead sure/certain that I've seen that guy before.
전에 저 사람을 분명히 본 적이 있어.

He was dead drunk at the time of the crash.
충돌 사고 당시 그는 만취 상태였다.

2) sharp

sharp는 부사로 사용되는 경우 시간 표현 뒤에 따라와 'punctually(정각에)'와 같은 의미로 사용되거나 방향을 나타내는 단어 앞에 와서 완전한 방향 전환을 의미한다.

The meeting starts at three o'clock sharp. Don't be late.
회의는 3시 정각에 시작되니까 늦지 마.

Turn sharp right at the crossroads.
교차로에서 완전 우회전을 하세요.

3) pretty

부사 pretty는 '예쁘다'라는 형용사 의미로부터 완전히 멀어져 fairly, rather, quite 등의 부사들과 같이 '어느 정도,' '꽤,' 등의 의미로 주로 사용된다. rather은 다소 딱딱한 표현이며 주로 영국 영어에서 많이 사용되고, fairly는 넷 중에서 정도가 가장 약하고 보통 긍정적인 성질의 형용사를 수식하며, quite 역시 주로 긍정적인 성질의 형용사와 결합한다. pretty는 넷 중에서 가장 정도가 강하며 구어체에서 주로 사용된다.

I am pretty sure he will give us the green light.
그가 허락을 해 줄 거라고 꽤 확신할 수 있어.

I am getting pretty fed up with the situation.
이 상황에 꽤 싫증이 나고 있어.

The room is fairly tidy.
그 방은 꽤 깔끔한데.

It feels rather cold today.
오늘 꽤 추운 것 같아요.

4) sound

sound는 'sound asleep'과 같은 표현에서 부사로 사용되어 '깊이,' '완전히'의 의미로 사용된다. 이외의 경우에는 soundly라는 부사의 형태를 이용한다.

I was so tired that I fell sound asleep.
너무 피곤해서 완전히 곯아 떨어졌다.

The baby slept soundly throughout the night.
아기는 밤새 깊이 잠을 잤다.

We were soundly beaten by our opponents.
우리는 상대편에게 철저히 패배했다.

Rule 5

부사와 형용사의 형태가 같은 경우에 유의하라.

fast, early, straight, long, high, hard, late 등의 단어들은 같은 형태로 부사와 형용사로 기능할 수 있다. 부사와 형용사의 형태가 같은 단어의 경우 -ly를 추가하면 전혀 다른 의미로 발전되기도 한다. '높은,' '높게'를 의미하는 high가 highly가 되면 '대단히,' '매우' 등의 의미로, '가까운,' '가까이에'를 의미하는 near에 -ly와 추가된 nearly는 '거의'라는 새로운 의미를 갖게 되는 식이다. 자주 사용되는 단어들 몇 개를 예문으로 정리해 보자.

Your students think highly of you.
학생들이 당신을 대단히 존경하더군요.

It took nearly a month to get the job done.
그 일을 마치는데 거의 한달 걸렸다.

I haven't seen her lately.
최근에 그녀를 본 적이 없다.

I can hardly wait to hear the news.
그 소식이 궁금해서 거의 기다릴 수 없을 지경이야.

INTRO.

외국어를 배우는 큰 즐거움 중 하나는 언어 공부를 통해 그 언어가 속한 나라의 문화와 역사를 엿볼 수 있는 것이라고 생각한다. 단어와 문법 익히기도 급급한데 문화와 역사까지 파고들어야 하는가 생각할 수도 있겠지만 문화에 대한 이해가 없으면 언어를 제대로 학습할 수 없을 정도로 문화는 언어 속에 깊숙이 녹아있다. '먹고 살기 위한' 지극히 현실적인 목적으로 외국어를 공부하는 사람들도 있을 것이다. 하지만 언어 학습의 궁극적 목적이 소통이고, 소통의 궁극적 목적은 이해라고 본다면, 우리가 언어 학습을 통해서 결국 도달하고자 하는 최종 목적지는 우리와 다른 사회와 문화에 대한 이해를 통해서 내 생각의 폭을 키우는 것이 아닐까하는 '이상적인' 생각을 해 본다. 하나의 언어와 하나의 문화만 알고 있는 사람과 두 세 개의 언어와 문화권을 경험해 본 사람은 분명 생각의 폭이 다를 것이다. 또한 언어 학습을 통해 접하게 되는 여러 가지 다양한 문화적 요소들은 자칫 지루할 수도 있는 장거리 운전에서 잠시 쉬어갈 수 있는 휴게소와 같은 역할을 해줄 것이라 굳게 믿는다.

6. 문화 쓰기를 위한 조언

> **TIP 1**
>
> Americans' least favorite day of the year

 미국인들이 1년 중 가장 싫어하는 날은 언제일까? 믿거나 말거나, 소득세 신고(income tax return) 마감일인 4월15일이라고 한다. 개인들은 소득세(income tax)를 내고, 기업은 법인세(corporate income tax)를 납부하며, 소비자들은 물건을 구입할 때 소비세(sales tax)를 낸다. 우리나라에서는 소비세가 물건 가격에 미리 포함되어 있지만 미국이나 캐나다의 경우에는 소비세가 가격에 포함되어 있지 않다. 캐나다의 경우는 물건을 살 때마다 주 소비세인 PST(Provincial Sales Tax)와 연방 소비세인 GST(Goods and Services Tax)의 퍼센트를 계산하여 물건 가격에 더해야 최종 지불 가격을 알 수 있다. 소비세를 물건 값과 별도로 계산하는 방식은 국민들이 납부하는 세금에 대해 계속 의식할 수 있도록 만들기 때문에 납세자의 권리를 더 고려하는 방법이라고 할 수 있다. 정부가 세금으로 걷어 들이는 조세 수입, 즉 세수를 revenue라고 한다. 우리나라의 국세청과 같이 조세 징수(tax collection)와 조세 관련법 시행(tax law enforcement)을 책임지고 있는 미연방국세청은 IRS(Internal Revenue Service)라고 불린다. 2010년 2월 미국 텍사스에서는 과세 당국과 오랜 마찰을 겪어오다가 이성을 잃은 한 남자가 경비행기를 몰고 IRS 건물로 돌진하여 anti-IRS suicide를 감행한 사건이 발생했다. 또한 2010

년 미국에서 가장 큰 화제가 된 티파티(Tea Party)는 정부의 과다한 지출에 반대하는 시민들의 조세저항 운동에서 비롯되었다. 11월에 실시된 미국 중간선거(mid-term elections)에서 티파티가 지원하는 후보들이 대거 연방의회에 진출하기도 했다. 정부의 조세 정책에 항의하는 우파 세력들로 구성된 조직인 티파티는 미국 독립운동의 도화선이 된 보스턴 차사건(Boston Tea Party)에서 이름을 따왔지만 'Taxed Enough Already(이미 세금 많이 냈거든)'의 첫 글자를 따온 두문자어(acronym)로 알려져 있다. 티파티 활동가들은 미국인들이 가장 싫어하는 날이라는 세금신고 마감일인 4월15일에 맞추어 전국 주요 도시에서 정부의 막대한 재정지출에 반대하는 대규모 시위(nationwide Tea Party rallies)를 전개하기도 했다.

Americans have to send an income tax return by April 15 every year.
미국인들은 매년 4월15일까지 연방소득세 신고서를 제출해야 한다.

The IRS is the U.S. government organization which is responsible for collecting national taxes.
미연방국세청은 연방 세금 징수를 책임지고 있는 국가 기관이다.

The Tea Party's slogans are lower taxes and smaller government.
티파티의 슬로건은 낮은 세금과 작은 정부이다.

TIP 2

We're having a bridal shower for Jen.

　미국에서는 결혼식을 앞둔 신랑이 친구들을 모아서 총각의 자격으로는 마지막으로 실컷 놀아보는 bachelor party 혹은 stag party(수사슴 파티)를 연다. 신부를 위해서는 주변 사람들이 선물로 샤워를 시키는(?) 파티인 bridal shower를 열어준다. 자주 열리는 shower 중 또 하나로 baby shower가 있다. 임신한 여성을 위해서 친구들이나 가족들이 열어주는 파티로 아기 용품을 주로 선물한다. 캐나다 밴쿠버로 이민 간 옛 학생 분이 이메일을 보내서 주말에 성당에 가면 사람들이 무슨 샤워 얘기를 많이 하는데 도대체 성당에서 샤워 얘기를 왜 하는 거냐고 물었던 기억이 있다. 문화를 모르면 오해할 수도 있는 표현 중 하나인 것 같다.

The groom went so wild in the bachelor party in Las Vegas that he ended up remaining a bachelor.
그 신랑은 라스베이거스에서 열린 총각파티에서 너무 심하게 놀다가 결국 결혼도 못하고 총각으로 남고 말았다.

Her co-workers in the office threw a bridal shower that she would never forget.
그녀의 회사 동료들은 그녀가 결코 잊지 못할 신부파티를 열어주었다.

My 10-year-old niece gave me a coupon for babysitting as a baby shower gift.
10살 된 조카는 baby shower 선물로 아기 봐주기 쿠폰을 주었다.

TIP 3

What is a thrift shop?

thrift shop/store 또는 charity shop/store는 기부 받은 물건을 팔아서 올린 수익금(proceeds)을 자선사업에 쓰는 중고품 할인 판매점(secondhand store)을 가리키는 말이다. 옥스퍼드에 본부를 두고 있는 영국의 대표적 자선단체 Oxfam(Oxford Committee for Famine Relief)은 영국 전역에 714개의 charity shop을 운영하면서 중고 의류, 헌책 등을 판매하고 있다. 판매수익과 기타 기부금으로 교육, 의료지원, 직업 훈련 사업을 세계 각국 빈곤층을 대상으로 실행해 오고 있다.

TIP 4

vandalism

고의적으로 공공재산, 또는 사유재산을 파괴하거나 훼손하는 사람을 가리켜 5세기경 로마를 약탈한 게르만계 반달족의 이름을 따서 vandal이라고 부른다. 고의적인 문화 파괴주의는 vandalism, 동사로는 vandalize라고 한다.

The public telephones in the area were damaged by vandals.
이 지역 공중전화가 고의적으로 공공시설을 파괴하는 사람들에 의해 손상되었다.

The statues in the park were vandalized.
공원에 있던 동상들을 누가 고의로 파괴했다.

Senseless vandalism angers the police.
무의미한 문화파괴주의가 경찰을 화나게 한다.

Is graffiti a democratic means of expression or is it simply vandalism?
그래피티는 민주적 표현 방식인가 아니면 단순한 문화파괴주의인가?

TIP 5

apartment vs. condominium

우리나라에서 아파트라고 하면 개인 소유일 수도 있고 임대를 할 수도 있는 개념이지만 미국이나 캐나다에서 아파트는 항상 임대(rent)의 대상이다. 우리나라식의 분양 아파트는 condominium 또는 줄여서 condo라고 한다. 아파트는 이미 기본 가구가 배치되어 있는 furnished apartment와 임차인(tenant)이 가구를 가지고 와야 하는 unfurnished apartment로 나누어진다. 계약서(rental agreement)를 작성할 때 매월 지불하는 집세(rent) 이외에 두 달 정도의 집세(two months' rent)를 보증금(security deposit) 명목으로 주인(landlord/landlady)에게 맡겨둔다. 계약 기간이 끝나고 집을 비울 때 고약한 집주인들은 못을 박았다거나, 가스레인지 청소가 제대로 안되었다거나, 카페트를 더럽게 사용해서 세탁을 해야 한다는 구실을 대면서 보증금을 일부 공제하고 돌려주는 경우도 있다.

TIP 6

BYOB, Bring Your Own What?

파티 초대장에 BYOB라고 적혀있는 경우가 있다. 보통 Bring Your Own Booze/Bottle를 의미하는데, 즉 party host가 알코올은 준비하지 않으니 마실 술은 각자 들고 오라고 사전에 알려주는 것이다. 우리식 정서로는 다소 매정하게 들릴 수도 있지만 guest 입장에서는 파티에 빈손으로 가기가 멋쩍을 수 있고 host 입장에서는 파티 비용의 상당 부분을 차지하는 술값이 부담스러울 수 있기 때문에 BYOB 파티가 적절한 중간 타협점(a happy medium)이라고 볼 수 있다. 함께 근무하던 외국인 동료 강사가 BYOB 파티 안내문을 게시판에 붙이자 장난기가 발동한 사람들은 마지막 글자 B가 무엇을 뜻하는지 한두 명씩 아래에 적어대기 시작했다. Bring Your Own Beer, Bring Your Own Beef, Bring Your Own Bagels, Bring Your Own Beau(애인) 등등 다양한 아이디어들이 쏟아졌지만 결국 강사들의 표를 가장 많이 얻었던 것은 Bring Your Own Bulgogi 였다.

TIP 7

I cant decide whether to live on or off campus.

대학 생활을 시작하는 freshmen에게 가장 큰 고민거리 중 하나는 주거 방식(living arrangement)에 대한 결정이다. 기숙사

(dorm)와 같은 on-campus housing을 선택할지 주택이나 아파트와 같은 off-campus housing을 선택하여 통학(commute)을 할지 하는 결정이 결코 쉽지 않다. 어떤 대학은 모든 1학년 학생에게 두 학기(two semesters) 동안 의무적으로 교내의 기숙사 또는 아파트 생활을 요구하는 경우가 있어서 off campus 거주를 희망하면 별도의 예외신청(an exemption/release from the freshmen residency requirement)을 해야 한다. 또한 on-campus housing의 경우 full time students에게 우선권(preference)이 주어지는 경우가 대부분이다. 두 가지 living arrangement의 장단점(pros and cons)을 비교하는 대화는 토플 시험에도 자주 등장한다.

TIP 8

commencement ceremony
_ the end and a new beginning

9월에 학기가 시작하는 미국은 5월이 졸업시즌이다. 졸업식은 보통 graduation보다는 commencement라는 단어로 표현된다. '시작하다'는 의미를 가진 동사 commence의 명사형 commencement를 사용하는 것은 졸업을 끝이 아닌 새로운 출발점으로 보기 때문이다. 취업이나 대학원 진학에서 평점(GPA: Grade Point Average)은 우리나라에서처럼 큰 비중을 차지하지는 않는다. 하지만 우수한 졸업 성적에 대해서 굉장한 자부심을 가지며 이력서(CV)에 "Graduated from ○○○ university with honors(모 대학 우등 졸업)"이라고 반드시 표기 한다. 대학별로 기준 평점이 약간 차이가 있기는 하지만 보통 GPA 4점 만점에 3.85 이상은 summa cum laude(최우등), 3.65 이상은 magna cum laude(2단계 우등), 3.5 이상은 cum laude(우등) 상을 받게 된다. 라틴어 단어를 그대로 사용하고 있는데 영어로 옮기자면 cum laude는 with praise, magna cum laude는 with great praise, summa cum laude는 with highest praise 정도의 의미를 갖는다. 졸업식에서 가장 화제가 되는 이슈는 누가 졸업식 연사(commencement speaker)로 초대받아 오는가이다. 유명한 정치인, 재계 인사, 연예인 등이 초대되는데 누구를 데려올 수 있는가 하는 것이 학교의 역량을 증명한다고 생각하기 때문에 명사 초빙 경쟁이 치열하다.

TIP 9

discipline procedures

영어권 학교에서 문제를 일으킨 학생들을 지도(discipline)하는 방법을 알아보자. 제1단계는 타임아웃(timeout)으로 수업 중 잘못을 한 학생에게 특정한 활동을 잠시 동안 금지시키는 것이다. 교실 뒤로 가서 서 있게 한다든지 구석진 곳에 놓여진 의자(thinking chair)에 앉아 벽을 보고 있게 하거나, 쉬는 시간(recess)에 운동장에 나가지 못하고 책상에 앉아있게 하는 방법을 사용한다. 다음 단계는 경고장(warning slip) 발급이다. 경고장을 받은 학생은 부모님이나 후견인(guardian)의 사인을 받아와서 선생님께 제출해야 한다. 다음 단계의 처벌은 방과 후에 학교에 남아있도록(detention) 하는 것이다. detention을 몇 시간으로 할지는 문제의 정도에 따라 다르며 보통 학교 규칙에 규정되어 있다. detention을 받은 학생은 방과 후에 남아서 반성문(letter of apology)을 쓰거나, 봉사활동(work assignment), 자습 등을 해야 한다. detention을 받은 횟수가 많으면 정학(suspension)으로 넘어가고 더 심해지면 퇴학(expulsion) 단계까지 갈 수 있다. 체벌(corporal punishment)은 금지되어 있기 때문에 대안에서 제외된다. 한편 자기 발로 걸어서 학교를 나가는 경우, 즉 중퇴하는 경우는 drop out of school, 중퇴생은 dropout이라고 표현한다.

TIP 10

What is an honor system?

영국 영어에서는 trust system으로 알려져 있고 미국에서는 honor system이라고 불리는 이 제도는 정직이나 신뢰, 또는 신의에 바탕을 두고 감시, 감독이 없는 환경을 제공하여 자율적인 운영을 추구하는 시스템이다. 가장 널리 사용되고 있는 예는 학생들이 감독 선생님 없이(unsupervised) 자율적으로 시험을 보는 학교 무감독 시험이다. 열차나 지하철 등 대중교통에도 honor system을 적용하여 승객들이 자율적으로 요금을 지불하도록 하며, 통행료를 내야 하는 도로(toll roads)에도 무인 통행료 징수 부스(unmanned tool booths)가 설치되어 운전자들이 통행료(toll)를 자발적으로 지불한다. 교회나 자선단체와 같은 조직도 바

자회를 개최할 때 참가자들이 알아서 물건을 가져가고 자율적으로 가격을 지불하게 하는 honor system 방법을 이용한다.

> **TIP 11**
>
> Royal Canadian Mounted Police

캐나다에 체류한 경험이 있는 사람들은 뉴스에서 according to RCMP 또는 RCMP reports that ~ 과 같은 표현을 들어본 적이 있을 것이다. RCMP는 캐나다 연방경찰의 공식명칭이며 Royal Canadian Mounted Police의 약어이다. 경찰이 말을 타고 다니면서 법 집행을 하던 시절에 만들어진 표현이지만 현대에도 변함없이 사용되고 있다. 캐나다의 유럽이라고 일컬어지는 관광 명소 퀘벡주에 가면 아직도 말을 타고 돌아다니는 경찰들을 볼 수 있다.

> **TIP 12**
>
> My vision is 20/20?

우리나라에서는 시력을 1.0, 1.5 등과 같이 소수(decimal number)로 표현하는 반면, 미국에서는 분수(fraction)를 이용하여 20/20 또는 20/40 등과 같이 표현한다. 분수를 읽을 때는 분자(numerator)는 기수(cardinal number)로, 분모

(denominator)는 서수(ordinal number)로 읽는 것이 규칙이지만, 시력을 말할 때는 분자, 분모를 다 기수로 읽는다. 예를 들어, 20/20의 경우에 "My eyesight is twenty-twenty."와 같이 읽는 것이다. 그렇다면, 분자와 분모에 쓰인 숫자는 무슨 의미를 가질까? 분모는 정상적인 시력을 가진 사람이 한 쌍의 물체를 보고 구별할 수 있는 거리를 피트(feet) 단위로 나타내는 것이고 분자는 한 개인이 똑 같은 한 쌍의 물체를 구별할 수 있는 피트 거리이다. 따라서 시력 단위에서는 분자가 작을수록 시력이 안 좋은 것이다. 예를 들어, 20/40(twenty-forty)의 경우는 정상적인 시력을 가진 사람이 40피트에서 구별할 수 있는 것을 자신은 20피트 까지 가야 알아볼 수 있다는 것이다. 우리나라에서 사용하는 소수 단위로 환산을 하면 20/40는 0.5, 20/20는 1.0, 20/10은 2.0정도가 되겠다. 영어에서 아주 유명한 격언 중에 "Hindsight is always 20/20."라는 표현이 있다. 상황에 직면하고 있던 당시에는 보이지도, 이해되지도 않던 사실이 시간이 흐르고 나면 너무도 선명하게 잘 보인다는 진리를 설명하는 표현이다.

TIP 13

plea bargaining

배심원제도(jury system)와 함께 우리나라에서도 도입을 고려 중인 미국의 사법제도 중 하나가 plea bargaining이다. plea bargaining은 형사 사건을 해결하기 위한 검사와 피고 사이의 합의를 가리키는 말로, 피고가 유죄를 인정하거나 범죄 사실을 입

증하기 어려운 다른 용의자에 대해 증언해 주는 대가로 검사측이 피고의 처벌 수위를 낮춰 주도록 판사에게 권고하는 사전형량 조정제도이다. 항소 등의 절차 없이 판사가 바로 구형을 하기 때문에 수사, 기소, 재판에 투입되는 상당한 비용을 절감하는 효과가 있다. 미국의 법정드라마(courtroom drama)를 보면 plea bargaining이 진행되는 장면을 볼 수 있는데, 판사가 "Do you plead guilty or not guilty?"라고 질문을 할 때 피고가 "I plead guilty."라고 대답하면 재판 절차를 거치지 않고 검사의 권고를 참조로 판사가 구형을 하게 되며 피고가 "I plead not guilty."라고 대답하는 경우는 판사가 피고에게 재판일정을 일러주면서 공식적인 재판과정이 시작된다.

TIP 14

Seniors are excited about the prom.

해안 길을 따라 길게 뻗은 산책로, 또는 공식 무도회(formal dance, ball)를 뜻하는 단어 promenade의 축약형인 prom은 고교나 대학교에서 졸업생들을 위해 개최하는 공식 댄스파티이다. 졸업 시즌인 5월에 열리는 prom은 4학년 여학생들 또는 파티에 초대받은 모든 여학생들의 관심을 사로잡는 행사이다. prom queen으로 뽑힐 것을 꿈꾸며 prom dress, prom hairdo(헤어스타일), prom makeup, prom shoes 등의 완벽한 파티 룩(perfect prom look)을 찾아다니는 여학생들 덕분에 관련 사업은 반짝 특수를 누리기도 한다.

TIP 15

words originating in mythology

그리스 로마 신화에서 유래한 영어 표현들을 몇 개 살펴보자. herculean task라고 하면 헤라클레스가 지니고 있는 '엄청난 힘과 노력을 필요로 하는 과제'를 의미한다. 술의 신 Bacchus에서 유래한 형용사가 들어가는 bacchanalian party는 술을 많이 마시고 노는 파티를 의미한다. 명의의 딸로 약초를 이용해 질병을 고치는 데 뛰어났던 파나세아의 이름에서 나온 단어 panacea는 만병통치약을 뜻한다. 그리스 신화에 등장하는 탄탈루스(Tantalus)는 신들을 시험하기 위해서 아들을 죽였다가 턱까지 차는 물 속에 갇히는 형벌을 받게 된다. 목이 말라서 물을 마시려고 고개를 숙이면 물도 따라 아래로 내려가고, 배가 고파서 낮게 드리워진 과일 나무에 손을 뻗으면 나뭇가지가 위로 싸악 올라가는 것이다. 닿을 듯 말 듯 감질나게 만드는 벌을 받은 탄탈루스는 영어 동사 tantalize(감질나게 하다)를 남겼다.

It is a herculean task to bring peace to the Middle East.
중동에 평화를 가져오는 것은 무척 어려운 과제이다.

Mom believes aspirin is a panacea.
엄마는 아스피린이 만병통치약이라고 생각한다.

Tantalizing smells emanated from the kitchen.
감질나게 하는 냄새가 부엌에서 흘러나왔다.

TIP 16

Is a filibuster a long, unnecessary speech?

필리버스터(filibuster)는 의회에서 의도적으로 장시간 연설을 하여 의사진행을 지연시킴으로써 법안의 통과를 저지시키는 행위를 의미한다. 해적(pirate)을 뜻하는 네덜란드어 flibutor(영어로 넘어오면서 freebooter가 됨)에서 유래한 것으로 추측된다. 의사진행을 방해하는 의원(obstructionist legislator)이 법안 통과를 해적질하여 가져간다고 생각해서 이런 이름이 붙여진 것으로 알려져 있다. 미국 하원에서는 필리버스터 제도가 금지되어 있고 의원 숫자가 100인으로 상대적으로 적은 상원에만 적용된다. 단, 재적수 3/5, 즉 60인의 찬성으로 토론 종결(cloture)을 결의할 수 있기 때문에 미 상원에서 60석이란 숫자는 filibuster-proof majority(필리버스터를 막을 수 있는 다수)라고 불린다. 2008년 선거에서 민주당은 마법의 숫자 60석을 확보할 것을 기대했지만 결국 실패로 끝났다.

TIP 17

The soul of wit?

셰익스피어의 햄릿 중에서 아마도 가장 자주 인용되는(most often quoted) 문장이 바로"Brevity is the soul of wit."일 것이다. "위트의 생명은 간결함에 있다."로 해석할 수 있는 이 문장은 마이크를 들고 인사말을 하게 된 사람들이 간단하게 말하겠다는 의미로 "Since brevity is the soul of wit, I will be brief."라고 첫마디를 시작하는 정형화된 표현이다.

TIP 18

Is he a hawk or dove?

대외관계에서 강경론을 주장하는 정치인을 가리켜 매파(hawk)라고 하고, 온건론을 주장하는 사람들은 비둘기파(dove)라고 한다. 다른 표현 방법으로, 강경론자는 hardliner, 온건론자는 moderate, 급진적 성향을 가진 급진주의자나 근본주의자는 extremist, radical, fundamentalist 등으로 부른다. 보수와 진보로 분류할 때, 보수주의적 성향은 conservative, 진보적 성향은 liberal 또는 progressive라고 할 수 있다. 또는 좌우로 나누어 the Left, the Right, 혹은 the left wing, the right wing이라고 하며 중도파는 middle-of-the-road, 중도우파는 center-right, 중도좌파는 center-left로 각각 표현한다.

TIP 19

When do you knock on wood?

미국영어에서는 knock on wood, 영국영어에서는 touch wood로 쓰이는 이 표현은 자신에게 일어나고 있는 좋은 운이 계속되기를 바라면서 주변에 있는 나무를 두드리는 미신에서 유래했다. 예를 들어,"나는 한번도 교통사고 난 적이 없다(I've never had a traffic accident)."라고 말하고 나니 갑자기 그런 불운이 찾아올 것 같은 두려움이 드는 것이다. 그런 상황에서 주변에 있는 나무로 만들어진 물건, 주로 책상이나 테이블 등을 두드리면서"Knock on wood"라고 말한다. 나무에 들어있는 착한 귀신(spirits)이 좋은 운이 계속되고 불운이 다가오지 않도록 도와준다는 미신에서 나왔다.

TIP 20

from rags to riches

rag는 단수로 사용하면 걸레 같은 천 조각을 의미하지만 복수 어미 -s가 붙으면 다 떨어진 옷(tattered clothes), 즉 누더기를 의미한다. 누더기(rags)를 입고 살던 가난뱅이에서 출발하여 큰 부자로 출세한 사람은 동서고금을 막론하고 관심과 존경의 대상이 된다. 이런 종류의 출세 스토리를 영어로 a rags-to-riches story/

tale라고 한다.

> **Children in the slum were dressed in rags.**
> 슬럼가의 아이들은 누더기를 입고 있었다.

> **His was a typical rags-to-riches story.**
> 그의 이야기는 전형적인 개천에서 용이 난 스토리이다.

TIP 21

Teddy Roosevelt

미국 역사에는 두 명의 루스벨트 대통령이 있다. 두 대통령이 모두 국민들에게 인기가 높았었는데 우리에게 더 친근한 대통령은 대공황(Great Depression) 극복을 위해 뉴딜정책(New Deal)을 실시했고, 일본의 진주만(Pearl Harbor) 공습을 계기로 미국의 2차 대전 개입을 결정했던, 미국 역사 최초의 4선 대통령 Franklin D. Roosevelt이다. 하지만 미국의 초기 역사에 중요한 업적을 남겨 Washington, Jefferson, Lincoln 대통령과 함께 Mount Rushmore 산 위에 대형 조각으로 새겨져 있는 Theodore Roosevelt 대통령도 미국 역사에서 프랭클린 루스벨트 못지않게 비중 있는 인물이다. Theodore Roosevelt 대통령의 애칭 Teddy는 아이들이 좋아하는 곰 인형에 그 이름이 남아있는데 이와 관련하여 전해지는 유명한 일화(anecdote)가 있다. 곰 사냥을 나간 루스벨트 대통령이 곰을 한 마리도 잡지 못하자 보좌관들이 새끼 곰(cub)을 생포해 사냥하도록 권했으나 대통령은 그냥 풀어주었다고 한다. 대통령의 따뜻한 마음씨가 담긴 이 일화가 신문에 실린 것을 보고 한 가게 주인이 곰 인형에 대통령의 nickname인 Teddy를 붙여 팔기 시작한 것이 오늘날 곰 인형을 통칭하는 이름 teddy bear가 되었다.

TIP 22

fraternity and sorority

brother을 의미하는 라틴어 frater에서 유래한 단어 fraternity는 대학 내에서 공동의 관심사를 가진 남학생들의 클럽이다. 축약하여 frat이라고도 하는데, fraternity 회원들인 frat brother들은 frat house에 모여서 함께 생활한다. sister를 의미하는 라틴어 soror에서 유래한 단어 sorority는 fraternity와 성격은 같지만 여학생들로 이루어진 사교 클럽이다. fraternity와 sorority는 아무나 가입할 수 없고 부모가 회원이었거나, 선배 회원의 추천을 통할 때만 가능하다. 동아리 이름은 Sigma Nu, Kappa Alpha Order, Alpha Tau Omega 등과 같이 그리스어(Greek)로 붙이기 때문에 회원들을 Greeks라고 부르기도 한다. 규모가 큰 fraternity, sorority 클럽은 각 대학교 마다 chapter(지부)를 가지고 있으며 회원이 타 지역을 여행할 때 그 지역 대학 frat house를 숙소로 이용할 수 있다. 2000년에 출시되었던 코미디 영화 Road Trip을 보면 fraternity와 관련된 사건이 하나 등장한다. Texas에서 대학을 다니는 여자 친구에게 잘못 보낸 야동 비디오테이프를 배달되기 전에 찾아오기 위해 4명의 백인 대학생들이 New York에서 출발하는 road trip을 떠난다. 도중에 벌어지는 여러 가지 사건으로 차는 고장이 나고, 돈은 없고, 하룻밤 묵을 장소를 찾아야 하는 주인공들. 한 친구가 Xi Kai fraternity 클럽의 인사법(handshake)을 알고 있다고 자랑하면서 회원인 척 하고 근처 대학교의 지부를 찾아가 숙식을 해결하자고 제안을 한다. frat house에 도착한 일행들, frat house의 문을 열어 준 Xi Kai brother 한 명과 성공적으로 비밀 인사법을 마치고 건물 안으로 들어서는 순간 주인공들은 그 자리에 얼어붙은 듯 멈추어 선다. frat house의 식당을 가득 채우고 저녁을 먹고 있던 Xi Kai 클럽의 회원들은 모두 흑인이었던 것이다.

TIP 23

rehabilitation center

rehabilitation center 또는 축약한 형태인 rehab center는 마약 중독자, 알코올 중독자, 우울증 환자, 섭식장애(eating disorder) 환자, 전과자(ex-convicts) 등을 훈련과 교육을 통해 정상적이고 건강한 삶으로 돌아갈 수 있도록 지원하는 시설들을 가리킨다. 자발적으로 들어가는 경우도 있고 재판 과정에서 감옥에 가기 싫어서 어쩔 수 없는 대안으로 선택하여 가게 되는 경우도 있다.

> The rehab center offers the best alcohol detox treatment.
> 그 재활 센터는 최고의 알코올 해독 치료를 제공한다.

The authorities are doing its best to rehabilitate ex-cons.
관계당국은 전과자 교화를 위해서 최선을 다하고 있다.

TIP 24

You're fired.

    미국의 부동산 재벌(real estate magnate) Donald Trump가 제작을 맡고 미국 NBC TV에서 방송했던 The Apprentice(도제, 견습생, 인턴)라는 제목의 리얼리티쇼가 있었다. 시즌마다 수백 명의 지원자 중 18명의 합격자(contestants)를 뽑아 그들의 능력을 공개적으로 테스트한다. Donald Trump로부터 "You're fired."란 말을 들은 사람들은 하나하나 떨어져나가고(eliminated) 결국 마지막까지 살아남아 "You're hired."란 말을 듣게 되는 최종합격자(finalist)는 Trump의 사업체 중 하나를 1년간 운영할 수 있는 자격을 얻게 된다. 이 프로그램 때문에 한동안 미국 직장인 사회에서는 "You're fired."란 말이 유행어처럼 돌기도 했다. 우리말에서도 해고와 정리해고가 다른 의미를 갖듯이 영어도 fire, lay off로 구별하여 사용한다. lay off는 경기침체(recession, downturn)나 구조조정(restructuring, streamlining, downsizing) 등의 여파로 position 자체가 사라지는 것을 의미하는 반면, fire의 경우는 position은 그대로 있고 당사자만 다른 사람으로 교체(replace)되는 것을 의미한다. fire 이외에도 dismiss, discharge 등의 동사를 사용할 수 있고 give the ax(e)/pink slip/sack 등과 같은 이디엄으로 표현하기도 한다. 도끼(ax)를 준다는 표현은 우리말 속어 표현인 '자르다'와 비슷하고 자루(sack)를 준다는 것은 자루에 물건을 담아 나가라는 의미이다. pink slip은 글자그대로 해석하면 '분홍색 쪽지'이지만 분홍색 쪽지에 인쇄된 해고통지서를 의미한다. 월급봉투(pay envelope) 안에 분홍색 쪽지 형태의 해고통지서(discharge notice, termination notice)를 넣던 90년대 초반의 관행에서 기원한 표현이다.

TIP 25

fisherman's wharf

바닷가에 위치한 도시나 마을에 가면 선창가에 해산물 전문 레스토랑이 즐비해 있고 어부들이 갓 잡은 해산물을 직접 판매하는 직거래 시장이 늘어 서 있다. 이런 공간을 dockside seafood market 또는 fisherman's wharf라고 부른다. 가장 유명한 fisherman's wharf는 캘리포니아 샌프란시스코 항구에 위치한 선창으로 고유명사이기 때문에 대문자 Fisherman's Wharf로 표기한다. 신선한 해산물 요리와 함께 거리 예술가(street performer)의 공연과 다양한 행사를 즐길 수 있기 때문에 유명한 관광명소(tourist attraction, tourist spot)로 자리 잡고 있다.

TIP 26

I'll take/plead the Fifth (Amendment).

우리나라는 헌법을 수정하거나 삭제하기도 하지만 미국의 경우는 헌법(constitution)을 그대로 유지하면서 수정조항(amendment)을 더해나간다. 최초의 미국 헌법은 인권과 관련된 조항이 거의 들어있지 않았기 때문에 인권관련 조항은 수정조항으로 보충해 왔다. 현재까지 27개의 수정조항이 만들어졌는데 대표적인 수정조항을 몇 개 살펴보자면, 제1조(First Amendment)는 언론, 출판, 종교, 집회의 자유에 대한 권리(right of freedom of speech, freedom of the press, freedom of the religion, and freedom of assembly)를 명시하고 있고, 제5조(Fifth Amendment)는 흔히 미란다 원칙(Miranda Rights, Miranda warnings)으로 알려진 피의자의 권리를 다루고 있다. 영화에서 범인을 체포하는 장면을 보면 경찰이"You're under arrest. You have the right to remain silent. ~"라고 한참을 독백처럼 말한다. 법정에서(a court of law) 자신에게 불리하게 작용할 수 있는 정보를 경찰에 제공할 필요가 없고 정당한 재판(proper legal trial)을 받을 권리가 있음을 피의자에게 설명해주는 것이다. 묵비권을 행사할 수 있는 권리를 언급하고 있기 때문에 대답하기 곤란한 질문을 받은 사람들이 장난삼아"I'll take the Fifth."라고 대답하기도 한다. 수정헌법 제14조는 이른바 국적 취득에 관한 속지주의(principle of territorial privilege for jurisdiction) 원칙을 규정하는 조항으로, 미국에서 태어난 아이들에게 자동적으로 미국 시민권을 부여하도록(grant automatic citizenship to children born in the U.S.) 명시하고 있다. 남북전쟁 이후 제정

된 동 조항은 자유를 얻은 노예의 자녀(children of freed slaves)에게 미국 시민권을 부여하기 위한 취지로 도입되었지만, 불법 이민자들(illegal immigrants)이 시민권을 갖게 된 자녀(anchor babies)를 이용하여 합법적 거주권(legal residency)을 요구하는 사례가 늘어나면서 최근 동 조항의 폐기 움직임이 일고 있다.

TIP 27

Rest In Peace

이전 직장 사무실에 자주 고장을 일으키던(act up) 복사기(photocopier or Xerox machine)가 한 대 있었다. 한번은 복사를 하러 갔다가 RIP라고 쓰여 진 종이가 놓여 있는 걸 보고 웃었던 기억이 난다. RIP는 묘비(gravestone or tombstone)에 흔히 새겨지는 구절로, 라틴어 Requiesca(n)t In Pace(=May he/she rest in peace!)의 약어(abbreviation)이다. 우리말로는 "편히 잠드시길" 정도로 옮길 수 있다.

TIP 28

Jose, can you see?

스페인어권에서 가장 흔한 이름 중 하나가 바로 호세(Jose)이다. Jose라는 이름에 얽힌 오래된 joke 하나를 미국인 친구로부터 들은 적이 있다.

> A Mexican guy named Jose returned to his hometown in Mexico after visiting the U.S. for a week for the first time in his life. Here is a conversation between Jose and his friend.
>
> Friend: How was your trip? What were American people like?
>
> Jose: They were really kind. During the trip, I went to a ballpark. I got to sit far in the back. In the beginning of the game, all the spectators in the ballpark stood up, turned around and asked me out loud, "Jose, can you see?"

멕시코인 호세는 생애 처음으로 1주일 동안 미국을 방문하고 고향으로 돌아왔다. 다음은 호세와 친구의 대화이다.
친구: 여행 어땠어? 미국인들은 어떤 사람들이야?
호세: 진짜 친절했어. 여행 중에 야구장에 갔었어. 뒷자리에 앉게 됐는데 게임 시작할 때 관중들이 전부 일어서서 뒤를 돌아보더니 "호세, 잘 보이니?"라고 물어봐 주는 거 있지.

사실 이 joke의 punch line(유머의 핵심)을 이해하기 위해서는 미국의 애국가(national anthem)인 Star-Spangled Banner의 첫 구절을 알 필요가 있다. 미국의 애국가는 "Oh, say, can you see, by the dawn's early light"라고 시작하는데 first line을 발음으로만 들으면 "호세야, (뒷자리에서) 잘 보여?"로 들릴 수 있다.

TIP 29

Beware of the Dog!

주택이 사라지고 아파트가 많이 들어서면서 '개 조심'이라고 쓰여 있는 경고문도 점점 보기 힘들어졌다. 예전에는 주택가를 걷다보면 대문 앞에 '개 조심'이라고 적힌 종이가 붙어 있는 걸 흔히 볼 수 있었는데 말이다. 미국에서도 사나운 개가 있으니 조심하라는 뜻으로 "Beware of the Dog."라는 사인을 걸어놓는다. 공공장소(public place)에서 흔히 볼 수 있는 사인이 뭐가 있을까 고민하다 보니 예전에 들었던 한 일화가 생각난다. 유럽 배낭여행(backpack trip) 중이던 한 한국 학생이 화장실을 다급하게 찾고 있던 차에 한 건물 유리창에 Toilet이라고 크게 적힌 사인을 발견했다. 다급하게 뛰어올라갔더니 건물 안에 공사 중인 인부가 몇 명 앉아 있었다. 화장실이 어디 있는지 물었더니 다소 당황스런 표정을 지으면서 가르쳐주었다. 볼 일을 보고 내려와서 아무래도 뭔가 찜찜한 기분이 들어 유리창에 붙은 사인을 다시 쳐다보니 Toilet이 아니라 To Let (임대 중)이라고 적혀 있는 게 아닌가. 마음이 하도 급하니 없던 모음이 나타나 두 단어를 이어줘서 찾고 있던 단어로 보이게 만들었나보다. 이외에도 영어권 문화에서 자주 접할 수 있는 사인을 몇 개 소개해 보겠다.

Wet Paint 칠 주의
No Trespassing 개인 사유지 출입금지
Do Not Drop Litter 쓰레기를 버리지 마세요
Keep off the Grass 잔디에 들어가지 마세요
No Parking – Tenants Only 세입자 외 주차금지

No Sale to Minors 미성년자 대상 판매 금지
No Solicitors 기부금 요청 금지
Keep Out 출입금지
Temp. Out of Order 일시 고장
Fishing: Permit Holders Only 허가증 소지자 이외 낚시 금지
Kindly Refrain From Smoking 금연
Clearance Sale 창고 대개방 세일

TIP 30

Cease Fire!

"사격 중지"라는 군대의 구령에서 나온 이 표현은 한 단어로 연결되어 "휴전, 정전"이라는 의미로 흔히 쓰이게 되었다. 동의어로 사용되는 armistice는 무기(arms)를 세워두다(sistere)라는 어원에서 나왔다. 6. 25 전쟁은 평화협정(peace treaty)이 아닌 휴전협정(armistice treaty)으로 종결되었기 때문에 한국과 북한은 사실상 전쟁 상태(technically at war)에 있다고 종종 표현된다. 미국에서 Armistice Day는 1차 세계대전 종전 서명을 했던 날로 국경일로 지정되어 기념하다가 1954년 이래로 2차 대전과 한국전 참전용사를 기리기 위한 VeteransDay(11월 11일)에 통합되었다.

TIP 31

you! you! you!

언어는 문화를 반영하고 있기 때문에 동서양의 문화 차이가 언어의 차이로 나타나는 경우가 많다. 동서양 문화의 가장 큰 차이 중 하나가 나이에 대한 관념이 아닌가 생각된다. 영어권 사람들은 상대방을 대할 때 나이라는 요소를 거의 고려하지 않는다. 언어 자체에 높임말, 반말이 없고, 상대방의 나이나 직급에 상관없이 모두 you라는 단어로 부를 수 있는 언어적 특징에 이러한 문화적 차이가 잘 반영되어 있다. 시부모님을 부를 때도 이름(on a first-name basis)으로 부르고 아버지라고 해도 믿을 수 있을 것 같은 사람을 '친구'라고 소개하는 걸 보면 대인 관계에서 나이에 의미를 거의 부여하지 않는 사회가 아닌가 하는 생각이 든다. 반면 우리나라의 경우 학교나 회사의 선후배 관계를 무척 중요하게 생각하여 소개할 때 반드시 짚고 넘어가는 경우가 대부분이다. 한국에 들어온 지 얼마 안 돼서 우리 문화에 익숙하지 않은 원어민 강사들은 학생들이 my senior, my junior 이런 식으로 상대를 소개하는 방식을 제대로 이해하지 못한다. 영어권에서는 "We go to the same university." 혹은 "We are friends from school." 정도로 소개하는 것이 일반적이며 우리처럼 학번별로 정리하여 줄을 세우지는 않기 때문이다(학번도 입학년도가 아닌 졸업년도를 기준으로 Class of 1992와 같이 부름). 캐나다에서 어학연수를 받은 한 학생으로부터 들었던 이야기가 생각난다. 대부분 20대 대학생들로 구성된 반에 40대 정도로 보이는 아주머니 한 분이 들어왔다. 유학 온 딸을 따라 함께 왔다가 딸이 학교에서 공부하는 시간을 이용하여 ESL 과정을 들으러 왔던 분이었다고 한다.

강사가 편하게 부를 수 있는 영어 닉네임을 하나 지으라고 하니 한사코 거부하면서 자신을 'Yumis mother'이라고 불러달라고 했다고 한다. 나이 어린 학생들이 자신의 한글 이름을 부르는 것도 싫고, 영어 닉네임을 지어 부르는 것도 어색해서 싫고, 결국 자신의 이름 대신 누구의 엄마로 불리는 한국의 관습을 그대로 외국까지 가져와서 영어로 불러달라고 했던 것이다. 같은 반 한국 학생들은 어느 정도 이해를 했겠지만 다른 나라에서 온 학생들과 강사는 학기 내내 'Yumis mother'이라고 부르면서 어떤 생각을 했을까 궁금하다.

TIP 32

Bills: origins of fin, sawbuck, C-note, and grand

1센트 동전은 penny, 5센트는 nickel, 10센트는 dime, 25센트는 quarter로 부르는 것처럼 지폐(AmE: bills, BrE: notes) 단위들도 닉네임이 있다. 5달러 지폐는 fin, 10달러는 sawbuck, 100달러는 C-note 또는 Century note, 1000달러는 grand라는 별명을 갖고 있는데 유래를 한번 살펴보자. 먼저 fin은 숫자 five를 뜻하는 이디시어(Yiddish: 독일어에 슬라브어·히브리어를 섞어 히브리문자로 표기하며 유럽과 미국의 유대인 사이에서 주로 사용됨) finnif에서 유래했다. 10달러 지폐를 가리키는 sawbuck은 나무를 패거나 자를 때 받쳐놓는 X자 모양의 나무토막인 톱질 모탕을 의미하는 영어단어 sawbuck 혹은 sawhorse에서 유래하였는데 X자는 로마 숫자(Roman numeral)에서 10을 의미하기 때문이다. 100달러 지폐는 C-note 또는 Century note라고 불리는

데 역시 로마 숫자 C가 100을 의미하는 데서 유래했다. 100달러 지폐에는 Benjamin Franklin의 초상화(portrait)가 그려져 있기 때문에 Benjamin, Benjie, Frank 등으로도 부른다. 1000달러 지폐를 grand라고 부르기 시작한 것은 대략 1915년경으로 추정되는데 지금은 1000달러가 그다지 크지 않은 금액일 수 있지만 1915년 당시만 해도 상당히 큰 금액(a very large sum)이었기 때문에 large를 의미하는 영어단어 grand를 붙여서 부르게 된 것으로 추측된다.

TIP 33

Pun Fun

우리말에서는 비슷한 발음을 가진 두 단어나 또는 한 단어의 여러 가지 의미를 가지고 말장난을 하는 것이 그렇게 높은 수준의 유머는 아니다. 하지만 영어권 사람들은 pun이라고 불리는 이런 종류의 말장난을 꽤 즐기는 편이다. 특히, 신문의 헤드라인이나 가게 이름에 pun이 활용되는 경우가 많다. 화제를 전환할 때 사용하는 관용구 by the way에서 by를 발음이 같은 단어 buy로 바꾼 편의점 이름 Buy The Way, 노래 가사에 자주 등장하는 표현인 Oh my soul(오 나의 영혼)의 soul을 발음은 같지만 뜻은 상당히 다른 단어 sole(신발 밑창)로 바꿔서 만든 신발 가게 이름 Oh My Sole 등을 예로 들 수 있다. 예전에 한 동료 외국인 회화 강사가 자신을 'homemaker(가정주부)'라고 소개하는 여학생에게 잘못 들은 척 하면서 "I'm sorry. Did you just say a homemaker or homewrecker?"라고 농담을 시도했는데 (다행인지 불행인지) 아무도 알아듣는 사람이 없어서 썰렁했다고 한다. '망치다,' '파괴하다'라는 의미를 가진 동사 'wreck'이 포함되어 있는 단어 'homewrecker'는 '가정 파탄자'를 뜻한다. 신문이나 잡지의 헤드라인에도 기발한 말장난이 동원되는 경우가 많다. 한 영문 잡지 칼럼니스트는 외모지상주의(lookism)를 풍자하는 내용의 글을 쓰면서 다윈의 적자생존(Survival of the Fittest)으로 pun을 만들어 "Survival of the Prettiest(이쁜 것들만 살아남는다)"란 제목을 부친 적이 있다.

1) 비슷한 발음을 이용한 pun.

A: Why is six afraid of seven?
B: Because seven eight(ate) nine.
A: 6은 왜 7을 무서워할까?
B: 7이 9를 먹어버렸잖아.

A: What did the daddy tomato say when he squashed the dawdling baby tomato?
B: Catch up(Ketchup)!
A: 아빠토마토는 자꾸 꾸물거리며 뒤쳐지는 아기토마토를 납작하게 찌부러뜨리면서 뭐라고 말했을까?
B: 얼른 따라와.

2) 동사구 drop off의 두 가지 의미를 이용한 pun

A: Doctor, doctor, I can't sleep at night.
B: Sleep on the edge of the bed and you'll soon drop off.
A: 의사선생님, 밤에 잠이 안와요.

B: 침대 끝에서 자 봐요. 금방 (곯아)떨어질 거야.

* drop off는 '떨어지다'는 글자 그대로의 의미(literal meaning) 이외에 '(잠에) 곯아 떨어지다'는 비유적 의미(figurative meaning)가 있다.

3) loser의 두 가지 의미를 이용한 TV 프로그램 "The Biggest Loser"

영어권 사람들이 엄지와 검지로 L자 모양을 만들어 상대방을 가리키는 제스처를 취하는 모습을 본 적이 있는지 모르겠다. 이 손가락 L자 모양이 상징하는 것이 바로 'loser'이다. "You're a loser."는 "넌 지질히도 못난 사람이야." "넌 인생의 실패자야." 정도의 의미를 갖는다. 물론 loser는 시합이나 게임에서 진 사람을 의미하기도 해서 게임에서 지고 난 후 화가 나서 괜히 성질부리는 사람에게 "Hey, don't be a bad loser(기분 좋게 패배를 인정해. 기분 좋게 승자를 축하해 줘)."라고 말한다. 부정적인 의미로만 흔히 사용되던 loser란 단어에 새로운 의미를 부여하게 된 reality show가 미국 NBC TV의 "The Biggest Loser"이다. 심각한 비만 케이스의 출연자들(obese contestants)을 혹독한 훈련을 통해 살을 빼도록 만들어 결국 가장 살을 많이 뺀 사람(biggest loser)에게 상금(cash prize)을 수여한다. 주인공들은 인생의 실패자(loser)에서 다이어트에 가장 성공한 사람(biggest loser)으로 거듭나는 것이다.

TIP 34

nicknames 1

영어에 "We are on a first-name basis."라는 표현이 있다. "우리는 서로 (성이 아닌) 이름으로 부르는 가까운 사이야."라는 의미로 be on first-name terms 라고도 한다. first name으로 부르는 경우도 보통 1음절로 줄여 애칭(nickname)으로 부르는 것이 일반적이다. 흔한 미국인 이름의 애칭을 몇 가지 소개하자면, Teddy(Theodore), Chris(Christopher), Rich(Richard), Dick(Dickinson), Jim(James), Kim(Kimberly), Bob(Robert), Tom(Thomas), Jen(Jennifer) 등이 있다. Elisabeth의 경우에는 Eli, Liz, Beth와 같이 세 가지 애칭을 사용한다. 예전 동료 외국인 중 Richard란 first name의 영국인이 있었는데 항상 자신을 "I am Rich. But I'm not rich."라고 소개하곤 했다.

Colleagues are generally on a first-name basis with each other in the States.
미국에서는 회사 동료들끼리 보통 서로 이름을 부른다.

I'm not on first-name terms with my next door neighbor.
나는 아직 옆집 사람과 서로 이름을 부르는 사이는 아니다.

TIP 35

nicknames 2

　통역관이라는 직업 때문에 세계 여러 나라 사람들을 만나게 되는데 발음할 엄두가 안 나게 어려운 외국 인사들의 이름을 대하다 보면 한글 이름은 정말 어려운 축에도 끼지 못한다는 생각이 들 때가 많다. 그럼에도 불구하고 한국인들 중에 한글 이름을 어려워하는 영어 학원 강사나 외국인 친구를 위해 영어 닉네임을 갖고 있는 경우가 있다. 물론 발음 문제 이외에도 영어 닉네임을 만드는 또 다른 이유가 있다. 영어회화 학원을 다녀 본 사람들은 공감하겠지만 다양한 연령층의 학생들과 함께 공부 하다 보면 존댓말, 반말 걱정 없는 영어 닉네임으로 서로 부르는 것이 편하게 느껴진다. 외국인 강사들도 이름 외우는 데 걸리는 시간 투자를 줄여보려고 닉네임 작명에 첫 시간을 할애하는 경우가 많다. 학원 강사로 일하던 시절 한번은 캐나다 동료 강사 한 명이 수업이 끝나고 얼굴이 빨개져서 교무실로 내려왔다. 모두들 궁금해서 물어보니 그 강사 왈, 한 여학생이 한사코 영어로 닉네임 짓기를 거부한다는 것이다. 강사가 이름을 지어주겠다고 해도 사양하면서 영어 이름으로 부르면 자기를 부르는 것 같지 않으니 자신은 원래 한글 이름을 쓰겠다고 주장한다는 것이다. 반의 학생 한 명쯤 한글 이름 불러주는 게 뭐 그리 어렵다고 얼굴까지 붉어져서 흥분하나 싶었는데 그 여학생의 한글 이름을 듣고는 모두들 '헐~'하는 반응을 보였다. 그녀의 이름은 다름 아닌 석미. 한글에서는 평범한 이름일 수 있지만 영어로 부르면 'Suck-me'라는 부르기가 좀 거북한 이름이 되어 버린다. 아무것도 모르고 있는 여학생에게 이유를 구체적으로 설명해 주기도 그렇고, 그렇다고 그냥

135

Suck-me라고 부를 수도 없고, 진퇴양난에 빠진 그 강사가 결국 어떤 해결책을 찾았는지 아쉽게도 그 부분은 기억이 나지 않는다. 우리나라 성(family name) 중에서 흔한 박씨는 정확한 대응 발음(phonetic equivalent)을 찾기가 쉽지 않다. 97% 이상의 사람들이 Park로 표기하고 있는데 박세리 선수의 경우 Pak으로 표기해서 외국에서 '팩세리'로 불리기도 했다. Park 보다는 우리말 발음에 더 가깝게 들리는 Bak을 쓰는 경우도 본 적이 있다. 당혹스러운 건, 박씨 성을 Bark로 표기하는 경우이다. Park는 영어에서 공원이란 좋은 뜻의 단어와 철자가 동일하여 별 문제가 없겠지만 '개가 짓다'란 뜻을 가진 bark는 영어권 사람들이 들으면 '뭐, 이런 성이 다 있나'라고 생각할 수도 있다. '범'자가 들어가는 남자 이름도 영어로 표기할 때 'bum'이라고 쓰면 발음은 우리말에 가까울지 몰라도 동일한 스펠링의 영어 단어가 갖는 부정적 의미('부랑자','놈팽이','빈대') 때문에 웃음거리가 될 수도 있다. 옛 학생 중 민호라는 이름의 남자친구를 가진 여학생이 있었다. 미국인 친구가 자신이 남자친구 이름을 말할 때 마다 자꾸 웃는 것 같아 이유를 물어보았다고 한다. 그 친구 왈, 민호라는 이름이 영어의 minnow(피라미, 송사리)라는 단어처럼 들려 자기도 모르게 자꾸 웃음이 나온다는 것이다. "어제 송사리랑 영화를 보러 갔는데 있지..." 이렇게 들린다고 생각하면 우스울 것 같기도 하다.

TIP 36

simple majority vs. absolute majority

의사결정을 내리는 대표적인 방법 두 가지가 만장일치와 다수결이다. 만장일치(unanimity: 하나의[un-] + 마음[anim])는 합의에 토대를 둔(consensus-based) 의사결정 방식으로 한 사람이라도 반대하면 통과될 수 없다. 친목 목적의 모임이나 의제가 참석자들의 이해관계에 결정적인 영향을 미치지 않는 모임에서 일반적으로 채택하는 방식이다. 반면, 민주주의를 상징하는 의사진행 방식이 다수결 원칙(majority rule)이다. 다수결도 크게 나누면 단순 다수결(simple majority)과 절대 다수결(absolute majority)로 구분된다. 단순 다수결은 재적수에 관계없이 투표에 참여한 사람의 1/2 이상의 찬성을 의미하고 절대 다수결은 결석한 사람, 기권한 사람까지 모두 포함한 전체 재적수의 1/2 이상의 찬성을 뜻한다. 소수(minority)의 권리에 크게 영향을 미칠 수 있거나 중대한 사안인 경우는 2/3(two-thirds majority), 3/4(three-fourths majority)와 같이 수치를 구체적으로 명시한 다수결을 요구할 수도 있다. 이를 특별 다수결(super majority)이라고 하며, 이 방식 또한 단순 다수결을 따를 수도, 절대 다수결을 선택할 수도 있다. 유럽연합 의회(European Parliament)와 이사회(Council)는 회원국들의 인구나 영향력 등을 감안해 각각 다르게 할당된 표를 합산해서 가결 여부를 결정하는 가중다수결(QMV: Qualified Majority Voting) 방식을 사용하기도 한다.

The two parties could not reach a consensus on the issue.

양측 당사자들은 그 문제에 대해서 합의에 이를 수 없었다.

He was elected by a unanimous vote.
그는 만장일치로 선출되었다.

The majority of the people were in favor of the proposal.
대다수가 그 제안을 찬성했다.

TIP 37

pants vs. trousers

1620년 메이플라워호(the Mayflower)를 타고 영국의 플리머스(Plymouth) 항구를 출발하여 신대륙에 도착한 청교도들(Pilgrim Fathers, Puritans)은 그들이 도착한 곳에 그들이 출발했던 곳의 이름을 그대로 붙여 플리머스(메사추세츠주)라고 불렀을 만큼 미국을 영국과 동일한 문화권으로 개척하고자 했다. 때문에 미국인들의 조상인 이 102인의 승객들은 자신들의 언어인 영어가 먼 훗날 미국 영어와 영국 영어로 가지가 갈라질 것이라고는 꿈에도 생각하지 못했을 것이다. 미국 영어와 영국 영어의 가장 큰 차이점은 발음이다. 미국인들이 닥터(doctor), 잡(job), 삭스(socks)와 같이 /a/로 발음하는 단어를 영국인들은 독토, 좁, 속스와 같이 /o/로 발음한다. 미국인들은 마지막에 오는 r 발음을 할 때 혀를 많이 굴리는 경향이 있고 영국인들은 상대적으로 평평하게 하는 편이다. 부정어 not의 끝 자음 t가 미국에서는 약하게 들리지만 영국 거리에서는 선명하게 들린다. 미국 영어는 연음이 발달한 반면 영국인들은 연결 없이 딱딱 끊어서 발음하는 것을 좋아한다. 미국 영어에만 노출된 경험이 있는 한 후배가 영국으로 유학을 갔다가 영국 영어에 적응하느라 한동안 고생을 했다고 한다. 들려 준 에피소드가 많았지만 아직까지 기억에 남는 일화가 하나 있다. 후배가 "Thank you."라고 감사 인사를 했는데 상대편에서 "라이터 돌"이라고 답을 했다나. '웬 라이터 돌?' 당황한 후배, 강력한 무기인 웃음으로 대충 때우고 돌아섰는데 집에 가면서 고민해보니 문제의 그 표현이 다름 아닌 "Not at all."이었다는 걸 깨달았다. 미국식으로 연음이 된 발음인 '나레롤'에 익숙해 있던 후배의 귀에는 영국인들이 침이 튈 것 같이 강하게 '놋 테톨'이라고 발음하는 것이 '라이터 돌'처럼 들렸던 것이다. 영국 영어와 미국 영어의 차이는 발음에만 그치지 않는다. center/centre, mustache/moustache, color/colour, honor/honour 등과 같이 스펠링이 다른 경우도 있고, 같은 사물을 지칭하는 단어 자체가 달라 영어 원어민들 사이에 소통 문제가 발생하는 현장을 직접 목격한 적도 있다. 예를 들어, 멜빵바지를 뜻하는 영국 영어 dungarees는 overalls라는 단어만 사용해 온 미국인들이 들으면 마치 외국어처럼 들릴 수 있다. 미국 영어와 영국 영어가 둘 다 편하게(?) 들리도록 하기 위해서는 한쪽 대륙 영어만 편식해서 듣지 말고 양쪽 악센트에 골고루 귀를 노출시켜주는 것이 중요하다. 마지막으로, 미국과 영국에서 다르게 사용하는 단어 몇 쌍을 소개할까 한다.

AmE	BrE	
pants	trousers	바지
elevator	lift	승강기
lift	ride	승선, 승차
suspenders	braces	멜빵
apartment	flat	아파트

line	queue	줄
restroom	toilet	공중화장실
call	ring	전화를 걸다
gasoline	petrol	석유
baggage	luggage	짐
eraser	rubber	지우개
garbage	rubbish	쓰레기
sidewalk	pavement	인도

TIP 38

Let me pick up the bill.

식당이나 술집에서 각자 따로 계산하는 더치페이(go Dutch) 방식에 익숙한 서양 사람들이 이해하기 힘들어하는 한국인들의 관습 중 하나가 계산서를 들고 서로 내겠다고 다투는 모습이다. 물론 서양인들도 특별한 일이 있는 경우에는 한 사람이 계산서를 집어 드는 경우가 있는데 그럴 때는 뭐라고 표현할까? "Let me treat you this time(이번에는 내가 대접할게요)." "Let me pick up the bill/check/tab(계산은 내가 하지)." "It's on me(내가 낼게)." 등과 같이 여러 가지 표현 방법이 있다. "It's on me."와 같은 표현을 응용하여 음식점에서 무료로 제공하는 요리는 "It's on the house(서비스로 드리는 거예요)."라고 할 수 있다. 여기서 house는 서비스를 제공하는 restaurant, bar, pub 등과 같은 업소(establishment)를 가리킨다. 조금 더 딱딱하게 표현하고 싶은 경우(to put it more formally)는 "It's complimentary(무료로 제공되는 겁니다)."라고도 할 수 있다. 반면, 계산을 따로 하고 싶은 경우는 웨이터에게 주문하는 시점에서(at the outset) "Can you split the bill?"또는,"We would like to have separate bills."라고 미리 말해두면 된다.

Since I owe you big time, let me treat you to dinner at a fancy restaurant.
내가 크게 신세를 졌으니, 근사한 레스토랑에서 저녁을 살게.

Let me pick up the bill this time.
이번에는 제가 낼게요.

Since you paid for the meal, drinks are on me.
식사는 당신이 사셨으니 술은 제가 사죠.

Budget airlines do not offer complimentary drinks or meals.
저가 항공사는 무료 음료나 식사를 제공하지 않는다.

INTRO.

어원(etymology) 공부는 영어학습에서 꼭 거쳐야 하는 필수과정은 아니다. 단어의 어원을 모른다고 해서 단어가 도저히 외워지지 않는 것도 아니고 언어학자를 만나는 경우가 아니라면 대화 중에 단어의 어원에 대해서 논의할 일도 딱히 없을 것이다. 하지만 어휘 실력을 한번 획기적으로 늘려보겠다고 마음먹은 사람에게는 어원을 통과해서 가는 것이 최단거리임은 분명하다. 접두사, 접미사, 어근을 공부해 두면 많은 양의 단어를 효과적으로 흡수할 수 있을 뿐 아니라 의미를 기억(retain)하기도 훨씬 쉽고 모르는 단어도 문맥 속에서 뜻을 대충 유추할 수 있는 경우가 많다. 또한 Merriam Webster's Vocabulary Builder나 Word Power Made Easy와 같은 고전적인 어원 학습서들이 제공하는 깨달음의 즐거움도 만만치 않다. 깊이 있는 설명과 문화, 역사적 배경까지 소개해 주는 좋은 어원 학습서를 골라서 한 단계 새로운 경지로 도약하는 발판으로 삼기를 바란다.

7. 어원 쓰기를 위한 조언

> **TIP 1**
>
> -vorous, -vorare : devour, voracious

eating을 의미하는 라틴어 어근 -vorous, -vorare가 포함된 단어는 먹는 것과 관련이 있다. 육고기(carni-)를 먹는 육식동물은 carnivore, 식물(herbi-)을 먹는 채식동물은 herbivore, 육식, 채식 가리지 않고 모두(omni-) 먹는 잡식동물은 omnivore라고 한다. down을 의미하는 접두사 de-와 결합된 동사 devour는 음식을 빨리, 열심히(quickly and eagerly) 먹어치운다는 의미뿐 아니라, 책을 탐닉해서(avidly) 읽을 경우에도 사용된다. 같은 어근에서 유래한 형용사 voracious 역시 '식욕(appetite)이 왕성한,' '물릴 줄 모르는(insatiable)' 등의 뜻 이외에도 '탐독하는'의 의미로도 사용된다.

I think she is addicted to reading printed materials of all varieties. She devours just about anything she gets her hands on. I once saw her reading a cereal box avidly, while having breakfast.
내가 보기에 그녀는 중독에 가깝게 모든 종류의 인쇄물을 읽어댄다. 손이 닿는 것은 무엇이든 닥치는 대로 읽는다. 한번은 아침을 먹으면서 시리얼 박스에 적힌 내용을 탐독하는 것을 보았을 정도이다.

He read voraciously.
그는 지칠 줄 모르고 읽어댔다.

TIP 2

-archy: monarchy, oligarchy, anarchy

-archy는 라틴어 archia, 그리스어 arkhia에서 유래한 단어로 leader, chief, ruler 등을 의미한다. 어근 -archy는 여러 가지 유형의 정부 형태를 묘사하는 단어들에 포함되어 있다. 그리스어의 alone을 뜻하는 monos와 결합한 monarchy는 왕, 왕비, 황제에 의한 통치, 즉'군주제'를, a few를 의미하는 그리스어 oligos와 결합한 oligarchy는 소수독재 정치, 즉'과두제'를, 아버지를 뜻하는 pater와 결합한 patriarchy는'가부장제'를, 어머니를 뜻하는 mater와 결합한 matriarchy는'모계중심사회'를, 신성함(sacred)을 의미하는 hieros와 결합한 hierarchy는'성직자 정치'나'계층구조'를 의미한다. 마지막으로 부정 접두사 an-이 붙은 anarchy는 말 그대로 지도자가 없는 상태, 즉'무정부상태'를 의미한다.

TIP 3

-clude: conclude, include, exclude, seclude

위 단어들은 -clude란 어근 앞에 각기 다른 접두사가 붙어서 만들어졌기 때문에 어원을 분석하여 이해하면 의미를 기억하기 쉽다. -clude는 라틴어 -cludere에서 파생하였으며'shut(닫다)'라는 의미를 갖는다. together의 의미를 지닌 접두사 con과 결합한 conclude는 함께 닫는다는 의미를 지니게 되어 '결론을 내리다'의 뜻으로 사용된다. include는 안에 넣고(in-) 닫기 때문에 '포함하다,' exclude는 밖에 두고(ex-) 닫기 때문에 '제외시키다,' apart(떨어져, 헤어져)의 의미를 지닌 접두사 se-와 결합한 seclude는 '차단하다,' '격리하다'의 뜻을 갖게 된다. seclude는 형용사 형태인 secluded로도 자주 사용된다.

> **TIP 4**
>
> deca-, deci- : decade, decimate

decade의 어근 deca-(deci-)는 10을 뜻하는 라틴어 decem, 그리스어 deka에서 유래했다. December는 12월이지만 3월부터 시작하는 로마 달력에서는 10번째 달이며, 철인십종경기는 decathlon, 십진법은 decimal system이라고 한다. 이탈리아 작가 보카치오(Boccaccio)의 대표작 데카메론(decameron)은 그리스어 deka(ten)와 hemera(day)가 결합된 단어로 10일 간에 걸쳐서 서술된 100개의 이야기로 구성되어 있는 책이다. 고대 로마에서 반란(rebellion)을 일으킨 도시나 하극상(mutiny)이 발생한 군대에서 흔히 이용된 처벌 방법으로 10명 중 1명을 제비뽑기로 선택하여 죽이는 잔인한 방법이 있었다고 하는데 이를 동사 decimate로 표현한다. 현대 영어에서 decimate는 '(질병, 전쟁 등이) 상당히 많은 사람을 희생시키다'는 의미로 사용된다.

TIP 5

dem-: epidemic, endemic, pandemic

세 단어에 공통으로 들어있는 어근 dem-은 democracy에 포함되어 있는 어근 dem과 마찬가지로 people, district를 뜻하는 그리스어 demos에서 파생되었다. among을 뜻하는 접두사 epi와 결합한 epidemic은 사람들 사이에 퍼져있는'전염병'을, in을 의미하는 접두사 en과 결합한 endemic은 특정 지역에만 한정되어 나타나는'풍토병,'all을 의미하는 pan과 결합한 pandemic은 넓은 지역에 걸쳐 많은 사람들에게 광범위하게 퍼져있는'광역전염병'을 의미한다.

Malaria is endemic in tropical and subtropical regions.
말라리아는 열대와 아열대 지역의 풍토병이다.

The swine flu epidemic may turn into an influenza pandemic.
돼지독감 전염병이 광역전염병으로 확산될 수도 있다.

Corruption is endemic in young democracies.
부정부패는 민주주의 역사가 짧은 국가의 고질병이다.

TIP 6

words containing the root "ject"

   throw(던지다)의 의미를 가진 라틴어 jacere에서 파생된 어근 -ject는 다양한 영어 단어에 등장한다. re(back)+ject(throw)로 구성된 reject는 '거절하다'의 의미로, e(out)+ject(throw)로 구성된 eject는 '(비디오나 오디오 테이프를) 플레이어 밖으로 꺼내다' 또는 '비상상황에서 (조종사를) 비행기 밖으로 탈출시키다'는 의미로 쓰인다. ob(against)+ject(throw)로 구성된 object는 반대로 던지기 때문에 '반대하다'의 의미를, in(in)+ject(throw)로 구성된 inject는 혈관(blood vessel) 안으로 던지기 때문에 '주사를 놓다'라는 의미를, sub(below)+ject(throw)로 구성된 subject는 아래에 던져진 낮은 신분, 즉 '신하,' '백성'을 가리키기도 하고 토론을 위해 던져 놓은 '주제'도 된다. 물체를 공중에 던지면 그려지는 궤도, 발사체의 탄도를 가리키는 단어 trajectory는 trans(across)와 동일한 접두사 tra와 ject가 결합되어 있다. 형용사를 의미하는 단어 adjective는 접두사 ad(to)와 어근 ject가 결합된 것이다. 그 이유는 형용사가 항상 명사 옆에(to) 던져져서(throw) 함께 사용되기 때문이다.

147

> **TIP 7**
>
> juv- : juvenile, rejuvenate

축구팬이라면 이탈리아 프로축구 팀 이름 유벤투스(Juventus)를 들어 보았을 것이다. 이 이름은 young을 의미하는 라틴어 juvenis에서 유래하였다. 따라서 유벤투스에는 젊은 팀이라는 의미가 담겨있다. juvenile 역시 young을 의미하는 형용사이지만 일반적으로 juvenile delinquent(청소년 범죄자), juvenile delinquency(청소년 범죄), juvenile corrective institution(청소년 교정 시설) 등 부정적인 문맥에서 자주 발견된다. 긍정적 의미로 사용되는 단어를 하나 찾아보자면 rejuvenate 동사를 들 수 있다. 정신없이 바쁘게 살다가 며칠 간 편안한 휴가를 즐기다 돌아오면 다시(re-) 젊어진(juven) 것 같은 신선한 느낌을 받을 수 있다. 그래서 동사 rejuvenate는 '원기를 회복하다', '회춘하다' 등의 의미로 쓰인다.

> **TIP 8**
>
> words with the root "manus"

손을 뜻하는 라틴어 어근 manus는 영어에 유용한 어휘를 많이 남겼다. automatic(자동의)의 반대로 사용되는 manual(수동의), 손으로(manus) 써야 하는(scribere) 원고나 필사본을 뜻하는 단어 manuscript, 손으로(manus) 잡고(tenere) 있으면서 유지하고 관리한다는 의미를 지닌 동사 maintain, 손으로(manus) 만든다(factura)는 의미에서 파생된 동사 manufacture 등이 있다. 노예제도를 폐지한 대통령으로 역사에 이름을 남긴 아브라함 링컨 대통령의 별명은 Great Emancipator이다. 우리말로 옮기면 '위대한 해방자'인데, 여기에 등장하는 동사 emancipate 역시 어근 manus를 품고 있다. 손에(manus) 잡고(capere) 있던 것을 놓아준다는(e-, ex-: out, away) 뜻이기 때문에 '노예를 해방시키다'는 뜻이 되는 것이다. 어렵게 보이는 단어도 어원을 분석하여 익히면 기억에 오래 남을 뿐 아니라 스펠링 실수도 막을 수 있다.

TIP 9

words deriving from "migrate"

라틴어 어근 migrare는 '자리를 옮기다(move from one place to another)'는 뜻을 가지고 있다. 여기에서 파생된 동사 migrate 역시 어원과 마찬가지로 '이주하다'는 의미로 사용된다. 일자리가 있는 곳을 찾아 다른 국가로 이주하는 이주노동자는 migrant worker라고 한다. 실제로 방글라데시, 필리핀 등 동남아시아 지역 국가의 경제는 이주노동자가 보내는 송금(remittance)에 대한 의존도가 상당히 높다. 월동을 위해서 따뜻한 지역으로 옮겨가는 철새를 일컫는 migratory birds 역시 동사 migrate에서 파생되었다. 동사 migrate에 in-을 의미하는 접두사 im-을 붙인 immigrate, immigration은 이민자(immigrant)를 받아들이는 국가 입장에서의 이민을 의미하고 ex-를 의미하는 접두사 e-를 붙인 emigrate, emigration, emigrant는 이민자를 내보내는 국가 입장에서의 이민을 의미한다. 일반적으로 국가들은 자신들의 나라를 떠나는 사람보다 이주해 들어오는 사람들에 초점을 맞추기 때문에 이민과 관련된 용어에는 immigration이 보통 사용된다. 공항에 있는 출입국관리사무소는 immigration office 또는 immigration bureau라고 부르고, 세관, 출입국 관리, 검역 업무를 처리하는 곳을 통틀어 부르는 CIQ는 customs, immigration, quarantine의 약어이다.

TIP 10

-nounce: announce, denounce, pronounce, renounce

어근 -nounce는 라틴어의 messenger, message를 의미하는 단어에서 파생되었다. down의 의미를 갖는 접두사 de-가 붙은 denounce는 '~를 (공개적으로)비난하다'는 뜻이 되고, 같은 어근에 to(~에게)의 의미를 지닌 접두사 an이 붙은 announce는 '~에게 알리다,' forth(~앞에서), out(밖에서)의 의미를 가진 접두사 pro와 결합한 pronounce는 '~앞에서 선언/단언하다,' again(다시)을 의미하는 접두사 re-가 붙은 renounce는 예전에 했던 말을 다시 한다는 뜻에서부터 변천하여 '(전에 지니고 있던) 믿음, 습관 등을 포기하다,' '단념하다'는 뜻이 생겼다.

TIP 11

nov- : novel, novice, innovation

소설을 의미하는 단어 novel의 어근 nov는 새로움을 뜻하는 라틴어 novus에서 파생된 단어이다. 어근 novus에서 기원한 단어들을 몇 개 더 살펴보자면, 어떤 일을 시작한 지 얼마 안 돼서 경험이 없는 사람, 즉 신참, 풋내기를 뜻하는 명사 novice, 어떤 일에 새로움(novus)을 불어넣는(in) 혁신을 뜻하는 innovation, 다시(re) 새롭게 만드는(novus) 리모델링을 뜻하는 renovation, '참신함,''신상품,''신기한 고안품'을 의미하는 novelty 등이 있다. 천문학(astronomy)에서는 새로 생긴 별, 즉 신성을 nova, 초신성을 supernova라고 한다. 삼바에 재즈를 가미한 브라질 음악 보사노바(bossa nova)는 new style을 의미한다. 치과용 국부 마취제(local anaesthetic) 상표(trademark) 중 가장 유명한 노보카인(novocain)은 novo(new)와 cocaine이 합성된 이름으로 노보카인이 등장하기 전에는 마약 코카인이 마취제 기능을 했다고 한다.

I am a novice at skiing.
저는 스키 완전 초보자입니다.

If we shy away from innovation, we cannot remain competitive.
우리가 혁신을 멀리한다면 경쟁력을 유지할 수 없다.

The store is under renovation.
그 가게는 내부 수리 중이다.

At first, it was a lot of fun going to all the parties, but the novelty soon wore off.
처음에는 파티마다 참석하는 것이 정말 재미있었지만, 곧 시들해지기 시작했다.

TIP 12

words with "-pathy"

    feeling을 의미하는 그리스어 pathes(pathos)에서 파생된 어근 -pathy는 여러 접두사와 결합하여 많은 유용한 단어를 영어에 남겼다. sympathy는 sym(together)+pathy(feeling)로 구성되어 함께 느끼기, 즉 '공감', '동정'의 의미를 지니는 반면 empathy는 em(in)+pathy(feeling)로 타인의 마음에(in) 들어가서 그 사람과 같이 느끼기 때문에 sympathy보다 더 깊은 상태인 '감정이입'을 의미한다. "without"의 의미를 가진 부정접두사 a-와 만나서 탄생한 apathy는 아무 느낌이 없는 상태, 즉 '무관심', '냉담함'을 뜻한다. "against"의 의미를 가진 접두사 anti-와 결합한 antipathy는 '반감', '혐오'를, 멀리 있는(tele-) 사람끼리 서로의 감정이 통하는 상태는 telepathy가 된다.

As for me, it is hard not to empathize with main female characters in movies.
나는 영화의 여주인공에게 쉽게 감정이입을 한다.

Young voters exhibit the same apathy as older people.
젊은 유권자들 역시 나이 든 유권자들과 같은 (선거에 대한) 무관심을 보이고 있다.

The elderly man has a deep-seated antipathy towards Japan.
그 노인은 일본에 대한 뿌리 깊은 반감을 가지고 있다.

TIP 13

-pedes : impede, expedite
-pedo : pedagogy, pediatrician

발을 뜻하는 라틴어 pedes에서 파생된 유용한 어휘 몇 개를 소개하겠다. 자전거에서 발이 닿는 부분인 pedal(페달), 발이 100개(cent-) 넘게 달린 것처럼 보이는 곤충인 centipede(지네), 잘 가는 사람 앞에 발을 넣어(im-, in-) 걸려 넘어지게 만들어 일을 방해하다는 의미를 가진 동사 impede(방해하다), 발을 족쇄에서 벗겨서(ex-) 일을 빨리 진척시킨다는 의미로 사용되는 동사 expedite(가속화시키다, 촉진시키다) 등이 있다. 라틴어 어근 pedes가 포함된 단어들은 어린이(child)를 뜻하는 그리스어 pedo에서 유래된 단어들과 혼동하기 쉽다. 어린이를 전문으로 치료하는 pediatrician(소아과의사), 어린이를 가르치는 학문이라는 뜻에서 유래한 pedagogy(교육학), 아동 골격을 비롯한 골격 정형(ortho-)을 전문으로 하는 의학 과목 orthopedics(정형외과)와 그 전문의를 가리키는 orthopedist(정형외과의사) 등은 그리스어 어근 pedo에서 유래한 단어들이다.

TIP 14

-gamy : monogamy, bigamy, polygamy

결혼(marriage)을 뜻하는 그리스어 gamos는 여러 접두사와 결합하여 유용한 단어들을 형성한다. 하나를 의미하는 mono와 결합한 monogamy는 결혼을 한 번만 하는 일부일처제, 둘을 의미하는 bi와 결합한 bigamy는 중복된 결혼, 즉 중혼을 의미한다. many를 의미하는 poly와 결합한 polygamy는 일부다처제 또는 일처다부제를 의미하고 혐오(hatred)를 의미하는 그리스어 miso와 결합한 misogamy는 결혼혐오증을 의미한다. 사람을 가리킬 때는 각각 monogamist, bigamist, polygamist, misogamist라고 한다.

TIP 15

mal- : malnutrition, malpractice, malodor

bad, badly, ill을 의미하는 라틴어 접두사 mal-는 어근에 붙어서 부정적인 의미를 추가한다. 영양(nutrition)이 부족한 상태를 의미하는 malnutrition(영양실조), 의료 행위(medical practice)의 과실 사고를 의미하는 malpractice(의료사고), 나쁜 냄새(odor)를 의미하는 malodor(악취), 양성(benign)이 아닌 악성 종양(tumor)을 가리키는 형용사 malignant, 기능이 제대로 작동

하지 않아 고장 난 상태를 뜻하는 malfunction 등이 모두 나쁜(?) 접두사 mal-과 결합된 단어들이다. 악의를 가지고 컴퓨터에 침투하는 사악한 프로그램들, 즉 악성코드를 가리켜 멀웨어라고 부르는데 이 역시 malicious software를 줄여서 쓰는 표현이다.

TIP 16

mort- : mortal, mortgage, mortify

죽음을 의미하는 라틴어 mortis에서 많은 영어 단어들이 파생되었다. mortal은 '죽을 운명의'라는 형용사로 사용되지만 언젠가는 죽게 마련인 '인간'을 의미하는 명사로도 사용된다. 시체를 안치해 두는 영안실은 mortuary 또는 morgue라고 부르며 사후에 몸이 딱딱하게 경직(rigor)되는 상태를 묘사하는 의학 용어인 사후강직은 rigor mortis라고 한다. 담보대출을 의미하는 단어 mortgage는 죽음과 어떤 관련이 있을까? mortgage는 mort(dead)와 gage(pledge)가 결합된 단어로 이 약속(pledge, deal)은 부채를 상환하는 데 실패하면 죽게 되는 거래라는 무시무시한 의미를 품고 있다. 사양길로 접어든(on the decline) 사양산업은 moribund industry라고 한다. mortify는 kill 동사와 같은 의미이지만 실제로는 너무 창피해서 죽고 싶을 만큼 '모욕을 주다(humiliate)'는 의미로 사용된다.

TIP 17

Is the Pacific Ocean peaceful?

팍스 로마나(Pax Romana), 팍스 브리태니카(Pax Britanica), 팍스 아메리카나(Pax Americana) 등과 같은 표현을 들어본 적이 있을 것이다. 각각 로마, 영국, 미국의 주도하에 유지되는 세계 평화를 의미한다. 평화를 의미하는 라틴어 pax로부터 유래한 영어 단어들이 꽤 많이 있다. '평화롭게 하다,' '달래다(appease),' '진정시키다'는 의미를 지닌 pacify가 있고 우는 아기를 달랠 때 사용하는 고무젖꼭지는 pacifier, 전쟁을 반대하는 평화주의는 pacifism, 평화주의자는 pacifist라고 부른다. 태평양도 그 어원이 평화와 관련이 있다. 약 1500년경에 탐험가 마젤란이 처음으로 태평양을 항해했을 때 태풍이 몰아치는 대서양(the stormy Atlantic)에 비해 훨씬 고요한 모습을 보고 '평화의 바다,' '고요의 바다'라는 의미에서 Pacific이라는 이름을 선사했다고 한다. 마젤란이 만약 태풍(typhoon)이 몰아치는 태평양을 보았더라면 우리는 오늘날 태평양을 전혀 다른 이름으로 부르고 있을 것이다.

TIP 18

sequel or prequel?

follow의 의미를 가진 라틴어 어근 sequi-의 자취가 남은 영어 어휘 몇 가지를 살펴보자. sequence는 이어지는 '순서,' '차례'를 의미하고 형용사 형태 sequent에 접두사 sub-가 붙은 subsequent는 '이어지는,' '후속의' 등을 의미한다. with를 의미하는 접두사 con-과 결합하여 consequence가 되면 함께 따라오는 것, 즉 '결과'를 의미하게 된다. 두 번째라는 뜻의 단어 second에 들어있는 sec- 역시 sequi-에서 파생되었다. 한편 영화가 흥행에 성공하고 나면 속편이 만들어지는 경우가 많은데, 전편에 이어서(follow) 만들어지는 것이기 때문에 sequel이라고 부른다. 후속편을 만드는 것도 모자라서 본편이 나오기 이전의 이야기를 소재로 하여 영화를 제작하기도 하는데 이를 sequel로부터 역형성(back formation)하여 prequel이라고 한다.

TIP 19

Is he a terminator or exterminator?

boundary, end, limit 등의 의미를 갖는 라틴어 terminus에서 유래된 영어 어휘들을 살펴보자. 학기나 임기를 뜻하는 term, 학기의 중간에 치르는 중간고사를 뜻하는 mid-term, 살 수 있는 시간의 한계를 결정지어 버리는 시한부 질환을 뜻하는 terminal disease 등이 있다. 프랜차이즈 영화(시리즈로 제작되는 영화)의 대표 명작인 Terminator는 글자 그대로 끝을 내버리는 사람, 즉 종결자를 의미한다. 그런데 접두사 ex-가 붙으면 뜻이 조금 웃기게 바뀌어 버린다. exterminate 동사는 out의 의미를 가진 접두사 ex-, 경계(boundary)의 의미를 가진 어근 terminate가 결합하여 '밖으로 몰아내다(drive out)'는 뜻을 갖는데 주로 '해충을 박멸하다'는 의미로 사용된다. 즉 exterminator는 '해충박멸자'가 되는 것이다. 다른 표현으로 pest control specialist라고 해도 된다.

TIP 20

Words with the root "-anim"

   animal, animation 등에 들어있는 어근 -anim은 '마음(mind),' '정신(spirit)'을 의미하는 라틴어에서 유래되었다. 어근 -anim을 포함하고 있는 유용한 단어들을 몇 개 소개하자면, 먼저 unanimous는 하나를 의미하는 접두사 un(uni), 마음을 뜻하는 어근 anim, 형용사화 접미사 -ous가 결합되어 만들어진 단어이다. 어원 그대로 '마음이 하나인(of one mind),' '만장일치의'라는 뜻으로 사용된다. 부정접두사 in과 anim이 결합된 inanimate는 '생명이 없는,' '무생물 상태의'라는 뜻을, 크다는 의미의 magna와 anim이 결합된 형용사 magnanimous는 '마음이 넓은,' '관대한'이라는 뜻을, 고르고 균등한 상태를 의미하는 equal과 anim이 결합된 명사 equanimity는 '마음의 평정,' '침착함' 등을 의미한다.

take a break...

INTRO.

여러 단어가 한데 모여서 글자 그대로의 의미(literal meaning)가 아닌 비유적 의미(figurative meaning)로 사용되는 구(phrase)를 관용구(idiomatic expression, idiom)라고 한다. 개개 단어들의 뜻을 알아도 원어민들이 어떤 의미로 사용하는지 모르면 이해할 수 없는 관용구들과 생활에서 일상적으로 빵과 버터처럼(bread and butter) 사용되는 구어체 표현들은 강의실에서 교재를 통해 배운 영어가 줄 수 없는 생생한 표현의 묘미를 전해준다. 한참 영어 공부에 빠져 있던 시절에 이디엄, 구어체 표현, 슬랭을 소개하는 책들을 탐독한 적이 있었다. 사실 '이 표현들을 모두 내 걸로 만들고 말거야' 하는 마음보다는 양 문화권의 비유적 표현의 차이점 또는 의외로 발견하게 되는 유사점이 너무 흥미로워서 호기심 충족 차원에서 접근했던 것 같다. 책을 통해서 많은 표현들을 접하고 시트콤 열심히 보면서 실제 용법을 확인하는 과정을 거치다보니 보편적으로 사용되는 이디엄과 구어체 표현들이 파악되고 나름대로 머리 속에 정리가 되었다. 캐나다 유학 시절 초반에 6개월쯤 살았던 하숙집의 주인아주머니는 이민자들에게 영어를 가르치는 독신 여성이었는데 파티나 친구 모임에 나를 데리고 다니는 걸 좋아했다. 나를 처음 소개해 주는 친구들을 만나면 늘 "얘 이디엄 쓰는 거 한번 들어봐."라고 말했던 기억이 난다. 우리가 '미녀들의 수다' 같은 프로그램에 등장하는 외국인들이 우리말 구어체 표현을 능숙하게 구사하는 걸 보면 신기해하듯이 아주머니와 그 친구들은 내가 '교과서' 영어가 아닌 '생활' 영어로 말하고 자기들 문화의 유머 코드로 표현해내고 하는 것이 무척 신기했었나 보다. 우리말에서도 '나 좀 추천해줘'와 '내 얘기 좀 잘해줘(Put in a good word for me),' '나를 포함시켜줘'와 '나도 끼워줘(Count me in),' '내 대신 일 좀 해줘'와 '내 대타로 좀 뛰어줘(Fill in for me)' 등의 표현들이 전하는 느낌이 다르듯이 영어도 마찬가지다. 생생한 느낌을 살려주는 살아있는 영어를 하고 싶다면 관용구와 구어체는 피해갈 수 없는 코스이다. 처음에는 들었을 때 알아듣겠다는 소박한 목표로 공부를 시작해보자. 재미있게 하나하나 주워나가다 보면 자연스럽게 체화될 날이 올 것이다.

8. 관용구 및 구어체 쓰기를 위한 조언

> **TIP 1**
>
> Let me break the ice.
> 제가 한마디 할게요.

썰렁한 분위기를 얼음에 비유하는 것은 문화권을 초월하는 것 같다. 미국에서도 서먹서먹하고 어색한 분위기를 얼음에 비유하며 그런 분위기를 깨면서 대화의 포문을 열 때 흔히 사용하는 말이 "Let me break the ice."이다. 우리말로 옮기자면 "분위기도 그렇고 하니 제가 한마디 하죠." 정도로 표현할 수 있겠다. 썰렁한 분위기를 누그러뜨릴 때 흔히 사용되는 화제인 weather, job, hobby 등을 ice-breaker(분위기를 부드럽게 해 주는 가벼운 대화 주제)라고 한다.

Before the conference began, the speaker broke the ice with a joke.
컨퍼런스가 시작되기 전에 연사는 농담으로 어색한 분위기를 누그러뜨렸다.

Topics such as jobs, weather, or hobbies are good ice breakers when you can't think of anything to talk about.
직업, 날씨, 취미 등은 달리 얘기 거리가 생각나지 않을 때 좋은 화제들이다.

TIP 2

He burst a blood vessel.
혈관 하나가 터졌다고?

'만화에서 굉장히 화가 난 얼굴을 그릴 때 보면 혈관을 유난히 도드라져 보이게 묘사하는 경우가 있는데 영어권에서도 '노발대발하다(become furious)'라는 표현을 혈관 하나가 터졌다고 비유한다. 이외에도 화난 상태를 묘사하는 다양한 관용구들이 있는데 몇 가지 소개해 볼까 한다.

When my Mom saw my report card, she hit the ceiling.
엄마는 내 성적표를 보고 화가 나서 펄쩍펄쩍 뛰었다.

She was almost foaming at the mouth when she found out how much the mechanic had charged her.
자동차 정비공이 청구한 수리비를 보고 그녀는 입에 거품을 물면서 화를 냈다.

When his colleague called him names, he blew his top.
그의 동료가 그에게 욕을 했을 때, 그는 화가 나서 뚜껑이 열렸다.

When my girlfriend found out that I had failed three courses last semester, she completely lost her temper.
내가 지난 학기에 3과목 F학점을 받았다는 것을 알게 된 여자친구는 화가 나서 이성을 잃었다.

Don't get so steamed up over the issue.
그 문제 때문에 너무 열 받지 마.

TIP 3

It pays to v ~
It doesnt pay to v ~

구어체에서 자주 사용되는 구문을 적재적소에 사용하면 좀더 생생한 표현이 된다. 예를 들어 It pays to~ 구문은 직역하면 어떤 동작을 하는 것이 돈이 된다는 뜻이지만 실제로는 꼭 돈만이 아니라 '~하는 게 유익하다(beneficial),'도움이 된다'는 의미로 주로 사용된다. 매년 11월 넷째 목요일에 펼쳐지는 추수감사절 퍼레이드로 유명한 미국 뉴욕의 Macy's 백화점은 "It pays to be thrifty(절약하는 게 남는 겁니다/싼 게 장땡입니다)"라는 슬로건을 사용한 적도 있다.

It pays to read the fine print when taking out an insurance policy.
보험에 가입할 때는 작은 활자를 잘 읽어보는 것이 좋다.

It pays for companies to go green.
기업이 친환경 정책을 도입하는 것이 유익하다.

Sometimes it doesn't pay to have a good sense of smell.
후각이 발달한 것이 도움이 안 될 때가 있다.

TIP 4

I cant believe how I've fallen for him.
내가 어쩌다 그 사람에게 빠졌을까?

아주 오래전 인기를 끌었던 영화 Pretty Woman의 사운드 트랙 중 "Fallen"이란 제목의 곡이 있었다. 우리나라에서도 TV 광고에 삽입된 적이 있어 꽤 귀에 익은 곡이다. 가사 중 "I cant believe how I've fallen for him."이라는 문장에 등장하는 동사구(phrasal verb) fall for는 뒤에 somebody, 즉 사람이 이어지면 '~에게 빠지다,' '~에게 매혹되다,' '~에게 반하다'의 뜻으로 사용된다. 그러나 사물(something)이 이어지는 경우는 그렇게 낭만적인 의미로 쓰이지 않는다. lie나 trick 등에 의해 '속아 넘어가다,' 혹은 속어 표현을 빌리자면 '낚이다'의 의미로 사용된다. 자신만의 예문을 만들어 보면서 익혀두면 유용하게 쓸 수 있는 표현이다.

I can't believe I've fallen for such an old trick.
그렇게 낡은 수법에 속아 넘어가다니 믿을 수가 없어.

It was a trick to get you out. You have fallen for it.
그것은 너를 불러내려는 속임수였어. 너 낚였어.

It seems that Diana falls for every man she lays her eyes on.
Diana는 눈길이 닿는 모든 남자에게 반하는 것 같다.

Do you think I will fall for such a lame excuse?
내가 그렇게 빈약한 변명에 속을 것 같아?

TIP 5

Dont make a face.
인상 좀 쓰지 마.

'얼굴을 찌푸리다'라고 말할 때 scowl, frown 같은 동사를 쓸 수 있다. 두 동사가 의미는 유사하지만 scowl이 주로 화가 나서 인상을 찌푸린다는 다소 강한 의미로 사용되는 반면, frown의 경우는 짜증, 걱정, 집중하느라 얼굴 표정이 일그러질 때도 사용할 수 있다. 두 동사가 다 전치사 at과 함께 '~에게/~을 향해 얼굴을 찌푸리다'의 패턴으로 자주 사용된다. 같은 의미를 관용구로 표현할 때는 make a face 또는 give/shoot somebody a dirty look 등과 같은 표현을 쓸 수 있다.

You have a bad habit of frowning at things.
너는 뭘 보면서 얼굴을 찌푸리는 안좋은 습관이 있어.

It is rude to make a face at the elderly.
나이 드신 분에게 얼굴을 찌푸리는 것은 예의가 아니다.

The teacher shot Ted a dirty look when he burped out loud during the class.
Ted가 수업시간 중에 크게 트림을 했을 때 선생님은 그를 보고 인상을 찌푸렸다.

TIP 6

He extended an olive branch.
그는 올리브 가지를 내밀었다. 왜?

이 표현은 성경의 창세기(Genesis)에 나오는 노아의 방주(Noah's Ark) 이야기에서 비롯되었다. 홍수가 끝났는지 확인하기 위해서 노아가 날려 보냈던 비둘기(dove)는 올리브 나뭇가지 하나를 입에 물고 돌아온다. 올리브 나뭇가지는 마른 땅을 찾았다는 증거인 동시에 하나님이 인간을 용서했다는 화해(reconciliation)와 평화의 표시로 여겨져서 오늘날까지 전해오고 있다.

President Obama extended an olive branch to Iran.
오바마 대통령은 이란에 화해를 손길을 내밀었다.

The ruling party held out an olive branch to the opposition parties.
여당은 야당에게 화해의 제스처를 취했다.

TIP 7

Can I take a rain check on that?
다음 기회로 미룰 수 있을까요?

야외 스포츠의 경우, 비가 와서 경기가 중단되면 다음 경기를 보러올 수 있도록 free ticket을 나눠주는데 이 티켓을 rain check이라고 한다. 여기서 유래하여 상대방이 제안한 약속을 다음으로 미루고자 할 때 take a rain check라는 관용구를 사용할 수 있다. rain check은 한 가지 용도가 더 있다. 세일광고를 보고 매장을 찾아 갔는데 해당 상품 재고가 바닥난(out of stock) 경험을 해 본적이 있을 것이다. 미국에서는 광고를 보고 찾아온 손님에게 재고가 보충되면 세일 기간이 끝난 후에라도 세일 가격으로 판매하겠다는 약속으로 티켓을 주는데 이 역시 rain check라고 부른다.

I'm sorry that I can't go out with you. But I'll give you a rain check.
함께 못 가서 정말 미안해. 하지만, 다음에는 꼭 같이 갈게.

I took a rain check on his offer to buy me a drink.
한잔 사겠다는 그의 제안을 다음 기회로 미루었다.

Stores purposely run out of sale items so they can give you a rain check. That way, they can make you come back to use the rain check and buy more groceries.
세일 품목의 재고를 일부러 바닥나게 만들어서 손님들에게 '세일가 판매보증 쿠폰'을 나눠주는 가게가 있다. 그렇게 되면 손님들은 쿠폰을 사용하기 위해서 매장을 다시 방문하게 되고 더 많은 식료품을 사 가게 된다.

TIP 8

**Shape up or ship out!
제대로 하든지 나가든지!**

"Shape up or ship out."은 "태도나 행동이 기대치에 미치지 못하기 때문에 어떠한 변화를 시도할 필요가 있다(Your behavior or performance is not living up to expectations. It is time to make a change.)"는 뜻을 전달할 때 사용하는 표현이다. 업무성과가 저조하거나(poor/anemic/lackluster performance)나 업무 태도가 나쁜(bad attitude) 직원에게 성과나 태도를 개선하지 않으면 해고하겠다는 경고이다. 이 표현은 2차 대전 중 군인들에게 처음 사용된 것으로 전해진다. 군인들에게 "If you don't do a better job, you'll be shipped overseas to a combat zone(제대로 하지 않으면 배에 태워 해외 전쟁터로 보내겠다)."는 의미로 사용하다가 현대에는 보편적으로 쓰이게 되었다고 한다.

If you can't get it right, you'll be looking for another job. So, shape up or ship out.
제대로 하지 않으면 새로운 일을 찾아야 할 거야. 그러니까 알아서 잘 해.

You'd better shape up, if you want to get anywhere in this job.
이 일에서 무엇인가 이루려면 제대로 하는 게 좋을 걸.

Banks may shape up or ship out after the probe into the structure of the industry.
금융권 구조에 대한 조사가 끝난 후 은행들은 성과를 개선하지 않으면 퇴출될 위기를 맞을 수 있다.

TIP 9

guinea pigs
기니피그

기니피그는 애완용으로 기르기도 하지만 주로 과학 실험에 많이 사용되는 동물이다. 우리나라에서 흔히 모르모트(marmotte: 프랑스어)라고 말하는 동물이 바로 guinea pig(기니피그)이다. 영어에서 guinea pig는 연습대상, 실험대상을 가리키는 비유적인 의미로 자주 사용된다.

I think the new teacher is using us as guinea pigs for his teaching methods.
새로 온 선생님은 우리를 자신의 교수법 연습대상으로 이용하고 있는 것 같아.

Why don't you try it on someone else? I don't want to serve as a guinea pig.
딴 사람한테 해 봐. 난 실험대상이 되기 싫어.

TIP 10

Heart conditions run in the family.
심장병은 그 집안 유전이다.

타고난 자질이나 재능을 묘사할 때 '집안 내력이다,' '유전이다,' '피에 흐르고 있다'라고 말하는데 영어에서도 비유방식이 비슷하다.

That easy-going trait runs in the blood.
저 낙천적인 성격은 집안 내력이다.

Bushy eyebrows run in the family.
송충이 눈썹은 저 집안 특징이다.

I suffer from short-term memory loss. It runs in my family.
나는 단기기억상실증을 앓고 있어요. 우리 가족 유전이죠.
* "Finding Nemo(니모를 찾아서)" 중 Dory의 대사

TIP 11

What he needs at the moment is a pat on the back.
그가 지금 필요한 건 칭찬이다.

"칭찬은 고래도 춤추게 한다(원제: Whale Done)"라는 제목의 책이 화제가 된 적이 있다. 잘 했다는 뜻의 영어 표현 Well done을 Whale Done으로 변형한 말장난(pun)을 동원한 제목이다. 동서양을 막론하고 칭찬할 때 흔히 등을 툭툭 두드려 주는 제스처를 취하는데 이 동작에서 나온 이디엄이 바로 pat somebody on the back, give somebody a pat on the back이다.

He really deserves a pat on the back for organizing the meeting so well.
그는 회의를 잘 준비한 것에 대해서 정말 칭찬 받을만해.

I don't mean to pat myself on the back, but don't you think I handled the argument with our boss really well?
자화자찬하려는 게 아니라, 나 아까 사장님 앞에서 진짜 말 잘한 거 같지 않아?

We should pat her on the back for making a lot of progress while we were away.
우리가 없는 동안 많은 진전을 이룬 것에 대해서 우리는 그녀를 칭찬해 줘야 해.

TIP 12

He took me for a ride.
그가 나를 속였어.

일반적으로 ride(미국 영어) 또는 lift(영국 영어)는 목적지까지 차를 태워주는 것을 의미하지만 "take someone for a ride"는 "deceive someone(속이다)"는 의미의 관용구로 사용된다.

He gave me a ride home.
그가 나를 집까지 데려다 주었다.

Do you want to go for a ride?
드라이브나 갔다 올까?

I realized that I had been taken for a ride.
나는 속았다는 것을 깨달았다

171

TIP 13

It's time to take stock of my life.
삶을 한번 돌아 볼 때이다.

비즈니스에서 "take stock"은 '재고 조사를 하다'는 의미로 일반적으로 사용된다. 여기서 유래하여 일이 진행되고 있는 단계에서 잠시 멈춰 서서 무엇이 이루어졌고 무엇이 부족한지 중간점검을 해 보는 것을 take stock of something이라고 표현한다. '멈추고 정리해 보다,' '상황을 전체적으로 바라보다,' '중간 평가를 내리다' 등의 의미로 사용한다. 용법을 알고 잘 사용하면 상당히 고급스러운 표현을 구사할 수 있다.

Since 2007 marked the halfway point to the 2015 target point for the UN MDGs, it was a good time to take stock of progress.
2007년은 UN 새천년개발목표 달성 목표 연도인 2015년의 중간점이므로 진전을 평가해 보기에 좋은 시기였다.

I am forty, the age when people take stock of things and change their lives.
내 나이는 사람들이 인생을 돌아보고 변화를 꾀하는 때인 40이다.

TIP 14

around-the-clock service
24시간 영업

6,000 sailors aboard the aircraft carrier USS George Washington are working around the clock.
미 항공모함 USS 조지워싱턴호 승무원 6천명은 24시간 일을 하고 있다.

위 문장은 11월28일부터 12월1일까지 나흘 간 서해상에서 실시된 한미연합훈련(joint exercises)을 보도하던 CNN 기자가 사용한 표현이다. "around the clock"은 하루 24시간을 의미하는 이디엄으로 24시간 쉬지 않고(all day and all night without stopping) 계속되는 일을 묘사할 때 사용할 수 있다. 꼭 24시간이 아니라도 휴식도 없이(without taking a break) 열심히 일하는 사람을 가리켜서 사용할 수 있으며 하이픈으로 연결시켜(around-the-clock) 형용사로 활용할 수도 있다.

You can take out money from ATMs all around the clock.
현금인출기를 이용하면 24시간 돈을 인출할 수 있다.

Convenience stores are open around the clock.
편의점은 24시간 영업을 한다.

A : I have to go to the airport early in the morning tomorrow to pick up my friend. But my car is in the garage. What should I do?

B : Try airport limos. As far as I know, they are available for around-the-clock service to and from the airport.

A: 내일 아침 일찍 친구 픽업하러 공항에 가야 하는데 내 차가 수리 중이지 뭐야. 어떻게 하지?.
B: 공항 리무진 버스를 이용해봐. 공항까지 24시간 왕복서비스를 제공하고 있어.

TIP 15

Too many things are up in the air.
너무 많은 것이 정해지지 않은 채 남아있다.

2009년 개봉작 중 조지 클루니 주연의 "Up in the Air"라는 영화가 있었다. 주인공은 비행기를 타고 미국 전역을 여행하며 고용주를 대신해 해고 통보를 전달하는 해고 전문가이다. 1년 대부분의 시간을 비행기 안이나 공항에서 보내며 천만 마일리지 달성을 인생의 목표로 삼고 있는 주인공 이야기를 다루고 있기 때문에 "Up in the Air"라는 제목은 적합한 선택으로 보인다. up in the air는 글자 그대로의 의미 이외에 비유적 의미로 사용되면 remain undecided or unsettled, 즉 '미정의,' '미결의'라는 뜻을 갖는다.

A : What movie are you going to see?
B : Well, I don't know. It's still up in the air.

A: 무슨 영화 보려고?.
B: 글쎄, 모르겠어. 아직 정하지 않았어.

A : Do you think you can get the promotion that

you have been waiting for?

B : I really don't know. I feel very anxious these days since everything is up in the air.

A: 이번에 승진이 될 것 같아?
B: 모르겠어. 아무것도 결정된 게 없으니 불안해 죽겠어.

TIP 16

He put his foot in his mouth.
발을 입안에 넣었다?

최근 Foot in Mouth란 제목의 기사가 Foot and Mouth Disease Out of Control이란 기사와 나란히 실렸다. 후자의 기사는 발굽이 두개로 갈라진 소나 돼지 같은 동물의 입과 발굽 주변에 물집이 생기는 전염병인 구제역, 즉 영어로 foot-and-mouth disease(보통 FMD로 축약해서 부름)가 걷잡을 수 없이 확산되고 있다는 내용을 다룬 기사였다. 반면 Foot in Mouth를 제목으로 한 기사는 한 정치인의 말실수 사건을 다루고 있었다. 영어에서 put one's foot in one's mouth라는 이디엄은 신중하지 못한 발언으로 큰 실수를 한 경우(make a blunder by saying something indiscreet)를 묘사할 때 사용한다. foot-and-mouth disease를 말장난(pun)으로 이용하여 foot-in-mouth disease라고 장난삼아 말하기도 한다.

He really put his foot in his mouth when he mentioned her face-lift.
그녀의 얼굴 주름 제거 수술을 언급했을 때 그는 크게 실언을 했다.

He has foot-in-mouth disease, so try to get him to keep quiet at our party.
그는 말실수를 잘하는 경향이 있으니까 파티에서 조용히 있도록 만들어.

I really put my foot in my mouth when I asked him how his girlfriend was. She has left him for another man.
그의 여자친구 안부를 물어보다니 실언을 했어. 그 여자친구는 그 남자를 차고 딴 남자에게 갔잖아.

TIP 17

The newspapers are having a field day.
신문 매체들이 대목을 만났다.

작년 12월 여당이 2011년도 예산안을 강행 처리하는 (railroaded the budget bill through the National Assembly) 과정에서 일부 예산이 누락되는 '사고'가 발생했다. 이를 보도하던 TBS eFM의 뉴스 앵커는 "The Democratic Party is having a field day."라는 표현을 사용했다. 여당의 실수로 야당인 민주당이 '아주 좋은 기회를 만났다', '대목을 만났다', '약간 속어를 사용하자면, '살판났다'는 의미로 표현한 것이다. field day는 원래 학교에서 아이들이 현장학습 가는 날을 의미한다. 도시락을 싸들고 교실을 벗어나서 놀러가는 날이니 아이들이 들떠 있는 것은 당연하다. 여기에서 유래하여 have a field day라는 이디엄은 '자신이 좋아하는 것을 실컷 할 수 있는 기회를 맞이하다', '대목을 만나다'라는 뜻으로 사용된다.

The press is going to have a field day with this scandal.
이 스캔들 때문에 언론은 한동안 재미를 볼 것이다.

Comedians are having a field day with the governor's sex scandal.
주지사의 섹스 스캔들로 코미디언들이 대목을 만났다.

TIP 18

직접 하는 일과 서비스를 받는 일은 다르게 표현한다.

자신이 직접 하지 않고 전문가나 서비스업체를 이용하여 문제를 해결하는 경우를 영어로 표현할 때 have+목적어(처리 대상)+과거분사의 패턴을 사용한다. 이 패턴을 사용하는 경우와 그렇지 않은 경우의 의미 차이를 예문을 보면서 정리해 보자.

I fixed my computer.
내가 직접 컴퓨터 고쳤어.

I had my computer fixed.
사람 불러서 컴퓨터 고쳤어.

I washed my car yesterday.
어제 직접 세차했어.

I had my car washed yesterday.
어제 세차장 가서 세차했어.

We painted our house.
우리가 직접 집 페인트칠했어.

We had our house painted.
페인트공 불러서 집 페인트칠했어.

I altered my suit jacket.
양복 재킷을 직접 수선했어.

I had my suit jacket altered.
양복 재킷 수선 맡겼어.

TIP 19

쉽고도 유용한 '의문사+to 부정사'

- **I don't really know where I should go next.**
- **I don't really know where to go next.**

위의 첫 문장에서 의문사 where은 전후 두 문장을 이어주는 접속사 역할을 하고 있다. where로 연결된 두 문장은 주어가 동일하기 때문에 굳이 주어를 두 번 반복하면서 문장의 형태를 유지하기 보다는 뒤에 오는 절(clause)을 구(phrase)의 형태로 바꾸는 것이 훨씬 간결한(concise) 문장을 만들 수 있다. 의문사가 이끄는 미래 의미의 문장을 간결하게 구로 전환하는 방법이 바로 to 부정사를 활용하는 것이다. '의문사+to 부정사' 패턴은 문어체,

구어체에 관계없이 상당히 빈번하게 사용된다. 단, 의문사 why는 why to +v 형태로 사용되지 않는다.

I wonder who to invite.
누구를 불러야 할지 모르겠다.

Can you show us what to do?
무엇을 해야 할지 알려줄 수 있나요?

Did you find out how to fix it?
어떻게 고칠지 알아냈어요?

I haven't decided whether to write back to him.
그에게 답장을 해야 할지 아직 결정하지 못했다.

There was no major progress on how to extend the Kyoto Protocol.
(2012년에 만료되는) 교토의정서의 연장 방법에 관해 어떤 주요한 진전도 없었다.
*멕시코 칸쿤에서 열린 제16차 기후변화협약 당사국 총회 결과 관련 언론 보도

TIP 20

잘 고른 감탄문 하나 평서문 열 부럽지 않다!

- **What a day! / What a relief! / What a coincidence!**

적절한 상황에서 감탄문 하나 잘 내뱉으면 여러 마디 말을 구구절절 늘어놓는 것 보다 상대방이 더 큰 공감과 친밀감을 느끼

게 되는 경우가 있다. 힘들고 바쁜 하루가 끝나고 나서 지친 마음을 담아 "Whew, what a day!"라고 한다거나, 걱정스런 상황에서 다행히 일이 잘 해결되었을 때 안도의 한숨(sigh of relief)을 내쉬며 "Phew, what a relief!"라고 표현할 수도 있고, 대화 도중에 놀라운 우연의 일치를 발견했을 때 "What a coincidence!"라고 말하면 아주 적절한 리액션이 될 수 있다.

A: You left your cell phone in my office.
B: What a relief! I thought I lost it.
A: 너 내 사무실에 휴대폰 두고 갔던데.
B: 휴, 다행이다. 잃어버린 줄 알았어.

A: I am going to Geneva next week.
B: What a coincidence! So am I.
A: 나 다음 주에 제네바에 가.
B: 어쩜 이런 우연이 다 있니. 나도 제네바에 가.

TIP 21

짧고 유용한 구어체 표현을 눈여겨보자.

1) You're grounded.

자식을 훈육하는 방법(disciplinary technique) 중 미국 부모들이 흔히 사용하는 벌이 '외출금지령,' 즉 grounding이다. ground는 동사로 사용되면 '(기상 조건이나 엔진 결함 등의 이유로) 항공기를 이륙 금지시키다'는 의미가 있는데 집안에 갇힌 아이들 신세가 땅에 발이 묶인 비행기 신세와 비슷하다는 생각에서 이런 용법이 등장하게 되었다. 화가 나서 눈썹이 치켜 올라간 (raise one's eyebrows) 부모가 자식에게 "You're grounded for a week."라고 외치는 장면이 영화나 드라마에 가끔 등장한다.

> Many parents use grounding as a way to discipline children.
> 많은 부모들이 아이들을 벌주는 방법으로 외출금지령을 이용한다.

> Dad grounded me for two weeks for lying to him.
> 아빠가 거짓말했다고 2주 동안 외출금지를 시켰어.

> Being grounded for a week is OK with me, but banning computer games is too much for me to handle.
> 일주일간 외출금지는 괜찮은데 컴퓨터 게임 금지는 너무한 것 아냐.

2) I am not sold?

대화를 하다보면 상대방을 내 진지 쪽으로 끌어들이려고 설득을 하고 있는 자신을 발견하는 경우가 있다. 단지 내편을 하나 더 만들고 싶다는 순수한 목적일 수도 있고 중대한 사업의 이해가 걸린 심각한 문제일 수도 있지만 설득이 대화에서 차지하는 비중은 생각보다 높은 것 같다. 상대를 설득하여 어떤 일을 하도록 만드는 것도 여러 가지 다른 구문으로 표현할 수 있다. persuade나 convince와 같은 다소 딱딱한 표현 대신 구어체에서는 어떤 표현을 사용할까? 만만한 talk 동사를 활용하여 '~를 설득하여 ~하게 하다'라고 표현할 때는 'talk someone into doing something,' 그 반대로, '~를 설득하여 ~을 하지 않게 하다'라고 말할 때는 'talk someone out of doing something'의 패턴을 이용할 수 있다. sell 동사도 사람을 목적어로 받으면 사람을 파는 것이 아니라 설득하다는 의미를 갖게 된다. '~에 대해서 ~를 설득하다'고 할 때 'sell somebody on something'의 패턴으로 사용할 수 있다. 수동태 형태로 만들어 "I am not sold."라고 말하면 "나 설득당하지 않았어." "나는 (너의 제안/의견에 대해) 확신이 생기지 않아." 등과 같은 의미를 갖는다.

My girlfriend talked me into going with her to the exhibition.
내 여자 친구는 함께 전시회에 가자고 나를 설득했다.

I was able to talk him out of it.
나는 그를 설득해서 그 일을 못하게 말렸다.

I tried to sell him on the feasibility of the project.
나는 그 프로젝트의 사업타당성에 대해 그를 설득하려고 노력했다.

Some Republicans are not sold on the financial bailout plan.
일부 공화당 의원들은 구제금융 계획에 대해서 회의적이다.

3) I'm swamped!

늪 인근 지역 주민이 아니라면 일상생활에서 swamp를 늪의 의미로 쓸 일은 아마 별로 없을 것이다. 하지만 마치 늪에 빠진 것처럼 일이 헤어나지 못할 정도로 너무 많은 경우에는 swamp가 아주 유용하게 사용될 수 있다. "I'm swamped."라고 하면 일

등이 너무 많이 밀려와서 완전히 압도당해(overwhelmed) 처리할 수 없는 지경에까지 도달했음을 의미한다. 원인을 구체적으로 밝힐 때는 전치사 with의 도움을 받는다.

I am swamped with assignments.
과제가 너무 많아요.

The government office is swamped with complaints.
그 관청에는 민원이 쇄도하고 있다.

I have been swamped with wedding invitations these days.
요즘에는 청첩장이 너무 많이 들어와요.

Korean shipbuilders are swamped with orders from overseas.
한국 조선업체에 해외 주문이 쇄도하고 있다.

TIP 22

구어체 표현(colloquial expressions)으로 느낌을 살려라.

1) I have no clue!

'모르겠다,' '이해할 수 없다'라고 표현하는 방법도 여러 가지가 있다. "I don't know." "I have no idea." "(It) Beats me."

"Search me." "You got me stumped." "I have no clue." "I am clueless." 등등. 이 중 "Search me."는 상대방이 무엇을 찾으면서 위치를 물어볼 때 대답으로, "You got me stumped."는 어려운 질문을 받고 답을 모르는 경우에 사용한다.

You have no idea how much this means to me.
이것이 나에게 얼마나 큰 의미를 갖는지 너는 몰라.

I have no clue what you are talking about.
네가 무슨 소리를 하는지 도무지 모르겠다.

It beats me how she managed to survive for 3 weeks alone in the mountain.
산에서 3주 동안 혼자 어떻게 살아남을 수 있었는지 정말 알 수가 없다.

When you got Mr. Know-It-all stumped, I gloated over his embarrassment.
네가 한 질문에 그 '만물박사'가 대답을 못했을 때, 아주 통쾌했다.

A : Where is the newspaper?
B : Search me. I haven't seen it.
A: 신문 어디 있어?
B: 몰라. 나도 본 적 없어.

2) I owe you big time.

아는 분 중에 심하다 싶을 만큼 'big time'이란 표현을 남발하는 분이 있다. 그런데 실제로 이 표현은 용법을 잘 익혀두면 구어체에서 여기저기 편리하게 가져다 쓸 수 있는 꽤 빈도수가 높은 표현이다. '큰,' '중요한,' '성공적인,' '수준 높은'등과 같은 다양한 뜻을 지니고 형용사, 또는 부사로 자유롭게 쓰일 수 있으며 형용사로 사용될 때는 하이픈으로 연결한다. 예상했겠지만 반대 표현은 small time이다.

I owe you big time.
너한테 크게 신세졌다.

He messed it up big time in the job interview.
그는 취업 면접을 심하게 망쳤다.

He took a long time to make it to the big-time league.
일류 리그에 들어가는 데 오랜 시간이 걸렸다.

He is merely a small-time thief.
그는 단지 좀도둑에 지나지 않는다.

3) The movie won rave reviews.

rave는 '흥분해서 정신없이 떠들다'는 동사 이외에도 구어체에서 '열정적인', '격찬하는' 등을 의미하는 형용사로 자주 사용된다. 비평을 뜻하는 단어 review와 함께 공연(performance)이나 영화 등이 호평을 받았다는 의미로 사용하면 제법 고급스러운 표현이 된다. 다소 문어적으로 formal하게 표현할 때는 'critical acclaim(비평적 찬사)'라는 표현을 사용할 수 있다.

The orchestra made up of orphans won rave reviews.
고아로 구성된 그 오케스트라는 격찬을 받았다.

Movie critics wrote rave reviews about the new film.
영화 비평가들은 새로 나온 영화에 대해서 호평을 했다.

The title song got rave reviews from the fans.
대표곡은 팬들로부터 아주 좋은 반응을 얻었다

The novel received critical acclaim in the mainstream press.
그 소설은 주류 언론에서 호평을 받았다.

TIP 23

구어체에서 동명사 앞에 (의미상) 주어 끼워 넣기

동사나 전치사의 목적어로 동명사를 사용할 때 문장 전체의 주어와 동명사의 주어가 다른 경우가 있다. 예를 들어, "너는 내가 재미있게 노는 게 불만이야?"라는 문장을 만든다고 가정해 보자. "You're not happy that I am having fun?"과 같은 형태로 두 문장을 접속사 that으로 연결하여 만들 수도 있지만 happy와 같이 오는(collocate) 전치사 with를 활용하는 방법도 있다. 전치사 with 뒤에 동사를 사용할 수 없기 때문에 have를 동명사 having으로 바꿔야한다. 또한 are not happy의 주어인 you와 have fun의 주어인 I가 서로 다르기 때문에 동명사 having 앞에 주어(이를 의미상의 주어라고 함) I를 남겨둬야 한다. 문법적으로 동명사의 의미상 주어는 소유격의 형태로 표시하도록 정해져 있기 때문에

"You're not happy with my having fun?"이라고 표현해야 하지만 구어체에서는 목적격 형태를 사용하는 것이 더 일반적이다. 따라서 "You're not happy with me having fun?"과 같이 표현할 수 있다. 이 패턴을 잘 익혀두면 speaking과 writing에서 정~말 유용하게 써먹을 수 있다.

I don't like him/his talking behind people's back.
그가 뒷담화하고 다니는 거 맘에 안 들어.

I don't object to you/your going there on my behalf.
내 대신 네가 거기 가는 거 반대하지 않아.

I do mind him/his smoking in the office.
나는 그가 사무실에서 담배 피는 거 반대야.

Do you mind me/my making a suggestion?
제가 제안 하나 해도 될까요?

I am worried about her forgetting things all the time.
나는 그녀가 늘 뭔가를 깜빡하고 다니는 게 걱정스러워.

TIP 24

약어(abbreviation)와 두문자어(acronym)로 소통의 속도를 높여라

UFO는 미확인비행물체(unidentified flying object), MP는 국회의원(Member of Parliament), BA는 문과계열 학사학위(Bachelor of Arts) 등과 같이 단어들의 첫 글자만 뽑아 줄여서 만든 축약어를 abbreviation이라고 한다. 축약어들 중 유(U) 에프(F) 오(O)와 같이 영어 알파벳을 하나하나 읽는 게 아니라 전체를 하나의 단어처럼 발음하는 약어들이 있다. 예를 들어, 북대서양조약기구(North Atlantic Treaty Organization)의 약어(abbreviation)인 NATO는 N, A, T, O라고 읽지 않고 나토(영어 발음으로는 네이토)로 읽으며, 국제연합교육과학문화기구(United Nations Educational, Scientific and Cultural Organization)는 U, N, E, S, C, O라고 읽지 않고 유네스코라고 읽는다. 미국의 기득권 계층은 백인, 앵글로색슨 민족, 신교도(White, Anglo-Saxon, Protestant)로 구성되어 있다고 하여 이들을 와스프(WASP)라고 부른다(안티 지배층 성향을 가진 어떤 그룹은 WASP가 We Are So Perverted/'우리 완전 변태들이야'를 줄인 표현이라고 주장함). 나토, 유네스코, 와스프와 같이 단어들의 첫 글자만 뽑아서 하나의 새로운 단어처럼 발음하는 축약어는 별도로 두문자어(acronym)라고 부른다. 특히, 속도감 있게 진행되는 인터넷 채팅(IM: instant messaging)에서 두문자어를 비롯한 축약어의 적절한 사용은 불필요한 시간 낭비를 줄여주는 역할을 할 뿐 아니라 빈번하게 사용되는 대표 약어들을 모르면 대화에 참여하기도 쉽지 않다. 인터넷 채팅 뿐 아니라 이메일이나 문자(text message)

전송 시에 자주 사용되는 약어 몇 가지를 함께 알아보자.

ASAP	as soon as possible (가능한 빨리)
ATM	at the moment (현재로서는)
BG	big grin (활짝 미소 짓는 중)
BTW	by the way (그건 그렇고)
CUL/SYL	See you later. (나중에 봐)
FYI	For your information (참고로 말하는 건데)
GG	Gotta go. (나가야겠어)
HAND	Have a nice day. (좋은 하루)
IMO	in my opinion (내 생각엔)
JIC	Just in case. (혹시 모르니까, 만약의 경우를 대비해서)
JK	Just kidding. (농담이야)
LOU	Laughing out loud (크게 웃고 있는 중)
NM	Never mind. (별거 아니야. 신경쓰지마)
OMG	Oh my gosh/goodness! (세상에)
ROTFL	Rolling on the floor laughing (웃겨서 바닥을 구르는 중)
TBH	to be honest (솔직히 말해서)
TTYL	Talk to you later. (나중에 또 얘기하자)
WTF	What the f***? (이런 *같은 경우가)
WU	What's up? (별일 없어?)
YT?	You there? (거기 있어요?)

INTRO.

통역관으로 일하면서 정통 영어를 구사하는 미국, 영국 출신의 인사를 만나게 되면 정말 마음속으로 "땡큐" 하면서 통역을 하게 되지만, 사실 그런 경우보다 제2 외국어로 영어를 배운 사람들을 통역해야 하는 경우가 더 많다. 영어의 링구아 프랑카(lingua franca: 모국어가 다른 사람들끼리 소통을 위해 사용되는 제3의 언어)로서의 지위 덕분(?)일 것이다. 영어 학습과정에서 각 국가의 언어적, 문화적 특징들이 간섭 효과를 일으키면서 '영어가 고향 떠나 고생하게 되는' 소위 콩글리쉬, 싱글리쉬(싱가포르식), 쟁글리쉬(일본식), 인글리쉬(인도식) 등으로 표현되는 부정확한 영어 표현들이 나타나게 된다. 어떤 표현들이 콩글리쉬에 해당하는지 기회가 닿을 때마다 익혀둘 필요는 있겠지만 콩글리쉬를 말하게 될까 두려워서 말문을 닫고 있을 필요는 전혀 없다고 생각한다. 언어 학습은 실험과 실습이 중요하다. 실험실 테스트를 많이 거친 상품의 성공률이 높듯이 실제로 여러 번 부딪히면서 배우는 학습 방법이 성공할 확률이 훨씬 더 높다.

9. 콩글리쉬 다시 쓰기

> **TIP 1**
>
> Handle? You mean the steering wheel?

자동차 운전대를 우리는 흔히 핸들이라고 하지만 바퀴 조종을 담당하기 때문에 영어에서는 steering wheel이라고 한다. steer 동사는 '원하는 방향으로 몰고 가다,' '운전하다,' '조종하다'는 뜻을 가지며 다음의 예문들과 같이 사용할 수 있다.

Since the cart was so heavy with suitcases, it was hard to steer.
카트는 여행가방으로 너무 무거워서 방향을 조종하기가 어려웠다.

Barack Obama is believed to steer the country in the right direction.
오바마 대통령은 나라를 올바른 방향으로 끌고 갈 것으로 믿어진다.

I advise you to steer clear of the guy.
그 사람을 멀리하라고 충고하고 싶네요.

The steering committee was convened to assess new membership applications.
새로운 회원 가입 신청을 심사하기 위해서 운영위원회가 소집되었다.

TIP 2

website vs. homepage

구글 검색 엔진으로 영어나 한국어 표현을 찾아보면 사용 빈도수가 함께 나타난다. 우리말에서 홈페이지란 단어가 웹사이트란 단어보다 훨씬 더 많이 쓰인다는 생각에 갑자기 호기심이 발동하여 빈도수를 실제로 알아보니 7천2백8십만 대 1천8백만 정도였다. 하지만 우리가 홈페이지라고 부르는 대부분의 경우, 사실은 웹사이트를 가리키고 있다. 홈페이지는 마이크로소프트의 Explorer나 넷스케이프의 Navigator와 같은 웹브라우저(browser)를 실행시켰을 때 첫 번째로 나타나는 웹 페이지를 의미한다. 웹사이트 개발자의 입장에서는 사용자가 URL 주소를 쳐 넣었을 때 제일 먼저 보여지는 웹페이지를 의미한다. 다시 말해서 홈페이지는 컴퓨터로 인터넷에 접속했을 때 처음 나타나는 페이지, 또는 어떤 웹사이트 주소를 쳤을 때 나타나는 제일 첫 페이지를 의미하는 것이다. 따라서 영어에서 homepage란 단어를 사용할 경우는 좀처럼 없기 때문에 홈페이지라고 말해야 하는 경우에는 website를 의미하고 있지 않은가 한번 생각해 볼 필요가 있겠다.

The company provides affordable and professional website design services.
그 회사는 저렴하고도 전문적인 홈페이지 디자인 서비스를 제공하고 있다.

The video tutorial teaches you how to create your own website.
그 동영상 강의는 홈페이지 만드는 방법을 가르쳐준다.

TIP 3

She is a TV talent?

영어 단어가 한국으로 건너와서 다른 의미로 사용되는 경우가 있는데 그 중 한 예가 '탤런트'이다. 우리말에서 탤런트는 TV에 출연하는 배우를 의미하지만 영어의 talent는 '인재,' '재능'의 의미로 사용된다. TV 배우를 의미할 때는 TV star, TV actor, TV celebrity, TV personality 등의 표현을 사용할 수 있다.

Korea has got a deep pool of talent to tap into.
한국에는 활용할 수 있는 인재 풀이 넓다.

Obama's Supreme Court pick has lots of talents.
오바마 대통령이 선택한 대법관 후보는 재능이 많은 사람이다.

I don't really understand why people are so into TV celebrities.
나는 사람들이 TV에 나오는 연예인에게 왜 그렇게 관심이 많은지 이해할 수 없다.

TIP 4

A: You have a sense.
B: ???

우리가 흔히 쓰는 말 중에 "저 사람 참 센스/재치 있다."라는 표현이 있다. 이 말을 글자 그대로 옮겨서 "She has a sense."라고 표현한다면, "What do you mean? Every living person has a sense."라는 답이 돌아오지 않을까? 우리가 의미하는 센스에 해당하는 영어 단어가 바로 tact이다. 명사 tact, 형용사 tactful은 right place, right moment에 right thing을 말할 수 있는 능력을 표현하는 단어이다. 예를 들어, "저 사람 참 센스 있다(없다)."라고 표현할 경우, "He is (not) well-known for his tact."라고 할 수 있을 것이다. 굳이 영어의 sense라는 단어를 이용하여 같은 의미를 표현하고자 한다면 "She has a good sense of knowing how to say the right word at the right moment."와 같이 다소 길게 말할 수 있다. 문장에서 tact는 동사 use, 전치사 with와 자주 함께 사용(collocation: 연어)된다.

The ability to use tact in social interactions can be challenging to master.
사회적 상호작용에서 센스를 발휘할 수 있는 능력을 습득하는 것은 쉽지 않다.

The class will teach you how to communicate with tact and skill.
그 강좌는 재치와 기교 있게 의사소통 하는 법을 가르쳐준다.

She showed great tact in dealing with a tricky situation.
그녀는 곤란한 상황을 아주 재치있게 해결했다.

What a tactless remark!
어쩜 저런 말을 할 수 있지.

TIP 5

우리말과 줄여 쓰는 방식이 다른 영어 약어에 주의하라.

일상생활에서 자주 사용되는 영어 단어를 경제성을 고려하여 줄여 쓰는 것은 영어문화권이나 우리나라나 별 차이가 없다. 하지만 같은 단어라도 축약하는 방식이 다른 경우가 있기 때문에 유의할 필요가 있다. 예를 들어 air conditioner를 우리나라에서는 보통 에어컨으로 줄여 쓰지만 영어권에서는 첫 글자를 따와서 A/C라고 축약한다. remote control 역시 우리나라에서는 리모컨으로 줄여서 사용하지만 미국에서는 뒤 단어를 빼고 앞 단어만 사용하여 remote라고 한다. 우리나라에서 흔히 애프터서비스, 또는 A/S라고 하는 표현 역시 영어권에서는 통하지 않는 표현이다. after-sales service 또는 customer service가 옳은 표현이며 우리와 같이 A/S라고 줄여 쓰지는 않는다. 공상과학영화 장르를 일컫는 science fiction을 줄이는 방식도 다르다. 우리는 SF라고 줄이지만 영어권 국가에서는 sci-fi라고 부른다. 콘택트렌즈의 경우에도 우리는 굳이 줄인다면 콘택트를 빼고 렌즈라고 하지만 미국 사람들은 렌즈를 빼고 contacts라고 하는 것이 일반적이다. 필기구 중 볼펜은 끝에 쇠공 같은 것이 굴러다니면서 글이 쓰인다고 해서 ballpoint pen이라고 불린다. 우리나라에서는 이를 줄여서 ball pen이라고 하지만 미국에서는 ballpoint, 또는 pen이라고 통틀어 말한다. 잘못된 글씨를 수정할 때 사용하는 수정펜은 white-out 또는 correction fluid라고 하는데 우리는 화이트라고 줄여서 부르기도 하지만 미국에서는 white-out을 화이트라고 줄여 쓰지 않는다. 자동차 가속 페달을 가리키는 영어 단어 accelerator를 줄여 액셀이라고 부르는 약어 역시 마찬가지다. 미국에서는 accelerator를 축약하지 않고 그대로 사용하든지 아니면 액셀의 별명인 gas pedal이란 표현을 응용하여 accelerator 대신 the gas라고 흔히 사용한다. 1회용 반창고 상표명에서 유래한 단어 Band-Aid 역시 우리나라에서는 줄여서 밴드라고 부르지만 영어권에서는 줄여 쓰지 않는다. 외국 호텔에 가서 밴드를 달라고 하면 무엇을 받게 될지 장담하기 어렵다. 스마트폰 보급 확산에 기여하고 있는 요인으로 다양한 애플리케이션(응용프로그램)들이 주목받고 있다. 우리나라에서는 애플리케이션을 '어플'이라고 줄여 쓰지만 영어에서는 'app'으로 축약한다. 개인용 컴퓨터(PC)가 처음 출시되기 시작했을 때 대중적 보급에 절대적인 기여를 했던 응용프로그램이 바로 MS Word였다. MS Word 프로그램과 같이 하드웨어의 보급에 결정적인 역할을 하는 소프트웨어를 killer app이라고 한다.

The A/C is kept too low. It's freezing in here.
에어컨 온도가 너무 낮은 것 같아. 여기 너무 추워요.

You have been hogging the remote all evening.
저녁 내내 리모컨을 독차지 하고 있잖아.

I don't like sci-fi movies very much. They are so unrealistic to me.
공상과학영화는 별로야. 너무 현실성이 없게 느껴진단 말이지.

My eyes get really dry and sore when I wear contacts.
렌즈를 끼면 눈이 너무 건조하고 따가워.

You'll be late for the meeting if you don't step on the gas.
속도를 좀 내지 않으면 회의에 늦을걸

TIP 6

I have a promise?

우리말에서 약속은 몇 시에 어디서 만나자는 '시간 약속'과 앞으로 어떻게 하겠다는 '다짐'의 두 가지 의미가 있다. 하지만 약속에 해당하는 영어 단어 promise는 다짐을 의미하는 경우에만 사용되는데 한국어 의미의 간섭 작용 때문에 시간 약속을 의미할 때 잘못 사용되는 경우가 있다. 시간 약속을 의미하는 영어 단어 appointment는 일반적으로 병원 예약이나 공식적인 상황에서의 약속을 의미할 때 사용한다. 따라서 개인적인 약속이나 선약을 얘기할 때는 "I have another plan." "I have a previous/prior engagement." 등과 같이 말하는 것이 더 자연스럽다.

Promises made must be promises kept.
약속을 했으면 반드시 지켜야 한다.
(*새천년개발목표와 관련한 공여국의 공약 이행을 촉구한 반기문 유엔사무총장의 발언)

I have a dental appointment at 3 o'clock this afternoon.
오후 3시에 치과 예약이 있다.

The consultant meets his clients only by appointment.
그 컨설턴트는 사전 약속을 통해서만 고객을 만난다.

I can't go to the movies with you this Saturday because I have a previous engagement.
이번 주 토요일에 너랑 영화 보러 못가. 선약이 있거든.

TIP 7

Fan: Can I get your signature?
Brat Pitt: ??

　남아공 월드컵이 끝나고 얼마 지나지 않아 제네바에 회의가 있어 출장을 가게 되었다. 제네바는 직항이 없어 경유 시간이 비교적 짧은 파리 드골 공항을 거쳐서 가는 경우가 많다. 그날 따라 비행기가 인천 공항에서 늦게 이륙하는 바람에 파리 공항에 한 시간 정도 연착되어 도착하게 되었다. 연결편 비행기 시간이 조금 여유가 있긴 했지만 드골 공항에서 간단히 저녁을 먹기로 한 계획은 물 건너갔구나 생각하면서 비행기 출입문이 열리기를 기다리고 있는데 맞은 편 통로에 굉장히 낯이 익어 보이는 사람이 서 있었다. '어, 분명 아는 사람인데... '머릿속으로 마구 고민을 하고 있는 찰나에 승무원이 그 사람에게 말을 걸었다. "연결편 시간이 빠듯해서 어쩌죠?" 그때 옆에 서 있던 다른 손님이 대신 대답했다. "뭐, 운동선수인데 막 달려가면 되지 뭐." 그 순간 '아, 박주영이구나.'라는 깨달음이 번갯불처럼 스쳐 지나갔다. 출장에서 돌아온 후 인터넷 검색을 해 보니 내가 박주영과 같은 기내 공기를 숨 쉬고 있었던 날에서 며칠을 거슬러 올라간 7월 11일 AS 모나코와 인천 유나이티드의 친선경기가 인천월드컵경기장에서 열렸다는 보도가 있었다. 박주영을 코앞에 두고 사인을 안 받고 뭐 했냐고 초등학생 아들에게 무지 구박을 들었지만 드골 공항 터미널의 길고 긴 통로를 따라 빛의 속도로 달려가던 박주영 선수의 뒷모습을 생각하면 아직도 미소가 절로 지어진다. signature와 autograph가 둘 다 우리말에서는 '서명'을 뜻하지만 그 쓰임새는 상이하다. 우리 같은 보통 사람들이 필요에 의해 양식을 작성할 때(fill out a form) 하는 사인은 signature, 유명인사(celebrity)가 팬들에게 해 주는 자필서명은 autograph이다. signature의 동사형 sign은 두 가지 경우에 다 사용할 수 있으며, autograph는 형태 변화 없이 동사, 명사로 다 사용할 수 있다.

I got the pitcher to sign the ball.
나는 야구공에 그 투수의 사인을 받았다.

A lot of people turned out for the book launch, hoping to get the author to autograph the new book.
많은 사람들이 새로 출간된 책에 저자 사인을 받기 위해서 출판기념회에 참석했다.

I have an autographed copy of the CD.
나는 그 가수가 직접 사인한 CD를 갖고 있어.

I got an autograph from the player, not that I'm a fan, but that my sister asked me to get one.
내가 그 선수 사인을 받은 것은 그 사람 팬이어서가 아니라 여동생 부탁 때문이야.

TIP 8

Do you have a job?
도대체 직업이 있기나 한거요?

아르바이트(part time job) 광고를 보고 패스트푸드 체인점을 찾아간 한 한국인 학생이 "여기 일자리 있나요?"라고 물어본다는 게 "Do you have a job?"이라고 표현하고 말았다. 미국인 매니저는 잠시 당황스러워 한 후 "Yes, I do. I work here."라고 대답했다고 한다. 일이 job이니까 일이 있냐고 할 때 "Do you have a job?"이라고 표현해도 될 것 같지만 이 말은 당신 직업 있냐는 다소 시비조로 들릴 수도 있는 표현이 되고 만다. 일을 구하러 간 경우에는 "Do you have a job opening?" "I am looking for a part time job." 또는 "I saw an ad you had placed in the paper." 등의 표현을 이용할 수 있다.

I saw an ad you had placed in the paper.
신문에 낸 광고를 보고 찾아왔는데요.

I hear there is an opening in your office.
사무실에 공석이 하나 생겼다고 들었어.

TIP 9

Are you a virgin?
아가씨 처녀요?

언젠가 라디오 방송에서 들었던 에피소드를 하나 소개할까 한다. 택시에 탄 외국인 여성 손님에게 영어로 뭔가 말을 걸어 보려던 택시 기사가 고민 끝에 질문 하나를 던졌다. "Are you a virgin?" 황당한 질문을 받은 이 불운한 외국 여성분이 나중에라도 누군가로부터 택시 기사의 순수한 의도에 대해서 설명을 들을 기회가 있었기를 일단 바라면서, 이 표현을 한번 살펴보자. 택시 기사가 묻고 싶었던 질문은 "Are you single?" 혹은 "Are you married?"였을 것이다. 우리말의 처녀란 단어가 갖는 두 가지 의미가 영어에서 두 가지의 다른 단어로 표현된다는 점을 고려하지 못한 것이 기사의 첫 번째 실수였고 두 번째는 문화적 차이에 대한 이해가 부족했다는 점이다. 영어권에서는 나이나 결혼 여부(marital status)에 대한 질문은 사적인 질문(personal question)으로 간주되어 금기시 되는 것이 일반적이다. 우리밀의 처녀라는 단어와 상당히 비슷한 운명을 겪고 있는 영어 단어가 maid가 아닌가 싶다. 우리말에서 처녀란 말은 노처녀란 단어에 남아있긴 하지만 보편적으로 많이 사용되지 않고 있는 것처럼 maid 역시 결혼 안 한 여자라는 의미가 있기는 하지만 그 의미의 용법은 old maid(노처녀)란 단어에만 남아있다. 일반적으로 maid라고 하면 가사 일을 도와주는 housemaid나 호텔 방을 청소하는 room maid의 의미로 받아들여진다. 반면 maid의 형용사형 maiden은 현대 영어에서도 널리 사용되어 처녀림, 처녀비행, 처녀항해, 국회의원의 등원 첫 연설(first speech given by a newly-elected member of parliament) 등의 표현에서 활용되고 있다.

It is considered poor manners to ask personal questions such as age or marital status.
나이나 결혼 여부와 같은 사적인 질문을 하는 것은 예의가 아니라고 여겨진다.

In her maiden speech, Melissa Lee, the first woman of Korean descent to become an MP outside of Korea, spoke in English, Maori, and Korean.
최초의 한인 여성 국회의원으로 당선된 멜리사 리 의원은 의회 첫 연설에서 영어, 마오리어, 한국어를 섞어가면서 발언을 했다.

She decided to change her last name back to her maiden name after the divorce.
그녀는 이혼 후에 남편 성을 버리고 처녀 시절의 성으로 바꾸기로 결정했다.

Before you take your new boat out for her maiden voyage, you must have a christening ceremony.
처녀항해를 하기 전에 반드시 명명식을 가져야 한다.

TIP 10

Look at me once.
한번만 봐 주세요?

한 한국인이 미국에서 과속 운전을 하다가 교통경찰에 걸렸다(got pulled over by the police for speeding). 과속 스티커를 발부하려는(write a traffic ticket) 경찰에게 한번만 봐주면 안 되겠냐고 부탁한다는 게 "Look at me once."라고 말해 버렸다. 경찰은 운전자가 부탁하는 대로 한번 쳐다봐 주고 나서 조용히 스티커를 손에 쥐어주었다고 한다. 이런 경우에 부딪혔을 때 영어로는 어떻게 표현해야 할까? 약간의 동정심이나 자비를 베풀어 달라(show some pity/mercy), 측은하게 생각해 달라(be sympathetic/compassionate)는 의미로 영어에서는 (따뜻한) 마음을 좀 가져라, 즉 "Have a heart."라고 표현한다. 또는 너무 심하게 몰아대지 말고 휴식을 달라는 의미에서 "Give me a break."라고도 말할 수 있다.

The cop gave me a break and let me off with just a warning.
경찰은 그냥 봐 주고 경고만 하고 보내주었다.

Come on- have a heart and give me another chance.
제발 그냥 봐 주고 한번만 기회를 더 줘요.

My boss doesn't seem to have a heart.
우리 사장님은 인정이 없는 사람인 것 같아.

INTRO.

'어휘 늘리기'에 '요령'이 있을까? 우리말 어휘가 풍부한 사람들은 도대체 어쩌다가(?) 그런 경지에 이르렀을까? 정답을 이미 알고 있는 분들이 많겠지만 어느 나라 언어든 어휘를 늘리기 위한 최선의 방법은 다독이다. 성격적으로 책 읽기를 좋아하는 분들이라면 취향에 맞는 종류의 영어 책들을 계속 이어서 읽어 나가라고 권하고 싶다. 책 읽기와 더불어 최근 이슈를 다루는 영자 신문이나 영어 잡지 기사 읽기도 병행하기를 바란다. 세상이 좋아져서 Time, Economist, Newsweek를 비싼 구독료를 지불하고 정기구독 하지 않아도 웹사이트를 통해 잉크 닿는 데까지 출력이 가능하다. 다독이란 표현 자체에서부터 벌써 울렁증이 일면서 질려버릴 것 같은 사람들에게는 다소 다른 접근법을 소개해 주고 싶다. 신문이나 인터넷 매체의 한글 기사를 읽으면 'New York Times 기고를 통해,' 'Washington Post 기고를 통해' 라고 출처를 밝히면서 외국 신문 기사를 번역하여 요약 소개하는 기사들이 있다. 이런 기사들은 대개 keyword 몇 개만 요령 있게 골라내서 구글 검색을 해 보면 영어 원문 기사를 쉽게 찾아낼 수 있다. 한글 기사를 먼저 읽으면서 영어 표현을 고민해 본 후 원문 기사와 비교해 가면서 공부해 보면 재미와 효과를 동시에 맛볼 수 있다. 얼마 전에 내가 직접 찾았던 기사의 예를 하나 들어보겠다. 2011년 1월5일 연합뉴스 기사를 읽다가 해럴드 포드 2세가 초선의원 110명에게 던진 5가지 조언을 소개하는 기사를 발견했다. 구글에서 Harold Ford Junior, first-term members, Washington Post 이렇게 세 가지 keyword를 쳐 넣으니 "What every freshman lawmaker needs to know"란 제목의 기사를 쉽게 건져 올릴 수 있었다. 한글로 된 기사를 먼저 읽으면서 머릿속으로 영어 표현을 나름대로 떠올려본 다음 원문 기사를 통해 확인해 보면 투자 시간 대비 제법 쏠쏠한 이익을 수확할 수 있다.

부록. 어휘량 늘리는 비법

> **TIP 1**
>
> 관심 있거나 최근 이슈가 되는 명사들을 줄줄이 엮어라.

1) abolitionist vs. retentionist

사형제도(capital punishment, death penalty)는 항상 찬반양론(pros and cons)이 팽팽하게 맞서고 논란이 많은 (controversial) 주제이다. 우리나라는 형법상 사형제도가 존재하지만 1998년 이래 한 차례도 사형을 집행하지 않았다. 법률상(de jure) 사형제도가 존재하지만 10년 이상 사형을 집행하지 않은 국가를 '실질적 사형 폐지국(de facto abolitionist, abolitionist in practice)'으로 분류하고 있는 국제사면위원회(Amnesty International)의 기준에 따라 한국은 2007년 12월부터 '실질적 사형 폐지국'의 범주에 포함되어 왔다. 사형제를 유지하고 (retain) 있는 국가는 존치국(retentionist country)이라고 하며 선진국 중에서는 미국, 일본이 대표적이다. 영국 의회에서 사형제 폐지위원회 위원장을 맡고 있는 하원의원이 한국 국회의원이 주최한 세미나에 참석하여 기조연설(keynote speech)을 한 적이 있었다. 연설 중 하원의원은 사형제를 유지하고 있는 미국의 어느 주 사형수 수감 시설을 방문한 경험을 얘기했다. 같은 말이라도 듣기 좋고 부드럽게 표현하는 완곡어법(euphemism)을 좋아해서 'toilet'은 없고 'restroom'밖에 없다는 미국이란 국가에서 사형수 감옥 입구에 'death row'라고 아무렇지도 않게 적혀 있는 안내판이 있는 것을 보고 충격을 받았다고 한다. 사형제 폐지 옹호론자(advocate for the abolition of the death penalty)들은 사형제를 '가석방 없는 종신형(life imprisonment without parole)'으로 대체해야 한다고 주장한다.

> More than two-thirds of the countries in the world have now abolished the death penalty in law or practice.
> 전 세계 국가의 2/3가 사형 폐지국 또는 실질적 폐지국이다.

> Since it has not carried out executions for more than 10 years, Korea is classified by Amnesty International as "abolitionist in practice."
> 한국은 10년 이상 사형을 집행하기 않았기 때문에 국제사면위원회는 한국을 '실질적 폐지국'으로 분류하고 있다.

2) What's in a powder keg?

최근 북한의 무력도발(military provocation)로 한반도의 긴장이 고조되면서(ratchet up tensions) 서해 북방한계선(Northern Limit Line) 또는 한반도 전체를 동북아의 화약고(powder keg)로 묘사하는 외신 기사들이 속속 등장하고 있다. keg는 보통 생맥주(draft beer)를 담아두는 작은 통이지만 powder keg 안에는 맥주가 아닌 파우더, 즉 화약(gunpowder)이 들어있다. 화약이 들어있는 통을 잘못 건드렸다가는 불이 붙어 폭발하기 십상이다. 때문에 powder keg는 '폭발할 수 있는 위태로운 상황(a potentially explosive situation)'을 가리키는 은유적 표현(metaphorical term)이기도 하다. 이와 유사한 표현으로 부싯돌

(flint)에 불을 붙일 때 사용하는 부싯깃(tinder)이 들어있는 상자(a container for tinder)라는 의미의 단어 tinderbox가 있다. tinderbox 역시 쉽게 불이 붙는 물질을 담고 있는 상자(a box that holds material that can be used to start a fire easily)이기 때문에 화약고와 같은 의미로 사용된다.

The U.S. pressures China to defuse Korean Powder Keg.
미국은 중국이 화약고 한반도의 뇌관을 제거하는 역할(긴장을 완화하는 역할)을 하도록 압력을 가하고 있다.

All it takes is a spark to ignite the keg and the Korean Peninsula will go up in flames.
화약고를 점화할 불꽃만 하나 발생한다면 한반도는 화염에 휩싸일 것이다.

The Balkans were called the powder keg of Europe.
발칸 반도는 유럽의 화약고로 불렸다.

Is the powder keg of the Middle East ignited?
중동의 화약고에 불이 붙었나?

North Korea's willingness to engage in ever escalating provocative acts has created a tinderbox on the Korean Peninsula.
점차 수위가 높은 도발을 감행하고자 하는 북한의 태도는 한반도에 위태로운 불씨를 만 들었다.

3) What does a teleprompter do?

연극 무대에서 커튼 뒤에 숨어 대사를 깜빡하여 당황하는 배우를 도와주는 사람들이 있다. 배우가 연기를 계속할 수 있도록 자극하는(prompt) 역할을 하기 때문에 이들을 prompter라고 한다. 방송에도 출연자들을 위해 연극 프롬프터의 역할을 하는 장치가 있는데 이 기계 장치의 이름은 prompter에 접두사 tele를 붙인 teleprompter이다. teleprompter는 사실 이 장치를 처음 고안한 미국 회사의 상표명(trademark, proprietary name)이기 때문에 고유명사로 취급되어 첫 글자를 대문자로 쓰는 경우가 많다. 영국에서는 Autocue라는 상표명의 기계가 널리 사용되고 있다. 명연설가로 소문난 미국의 오바마 대통령도 대선 캠페인 기간 동안 Teleprompter 사용과 관련한 구설수에 오른 적이 있다. 한 TV talk show의 호스트는 오바마 당시 대선 후보가 Teleprompter의 도움을 받아서 연설한 경우(teleprompted speech)와 즉석에서 연설한 경우(improvised speech)를 동영상(video clip)으로 비교하여 보여주면서 즉흥 연설을 할 때 상대적으로 말을 훨씬 더 많이 더듬는다(stutter)고 공개적으로 놀리기도 했다.

The Prime Minister was embarrassed when the teleprompter malfunctioned in the middle of his speech.
연설 도중 텔레프롬프터의 고장으로 총리는 아주 난처한 지경에 처해졌다.

The President does not like to read from a teleprompter. He prefers to deliver impromptu speeches.
대통령은 준비된 연설을 읽는 것보다 즉석에서 연설하는 것을 선호한다.

4) They're are on a collision course.

'충돌하다'는 뜻을 지닌 collide 동사의 명사형을 이용한 이 표현은 둘 이상의 물체가 현재의 코스를 그대로 달리면 곧 충돌하게 되는 상황을 묘사한다. 보통 비유적인(figurative) 의미로 사용되어 복수의 사람이나 단체가 의견의 극한 충돌 또는 대립을 맞게 되는 상황을 뜻한다. 문장 안에서 사용할 때는 위의 예문과 같이 전치사 on과 함께 쓰거나 set/put +목적어 + on a collision course의 패턴을 이용할 수 있다.

The two Koreas appear to be on a collision course.
한국과 북한은 충돌이 불가피한 상황을 달리고 있는 듯하다.

The new president put Iran on a collision course with the West.
신임 대통령은 이란을 서방국가와 대립하도록 만들었다.

Astronomers reported that an unknown comet is on a collision course with the Earth.
천문학자들은 정체를 알 수 없는 혜성이 지구와 충돌하려 한다고 보고했다.

TIP 2

꼬리에 꼬리를 물게 익히자.

어휘를 정리하고 기억하는 방법 중 관련된 단어들을 연상 방식으로 가지치기 하여 그물망(network)을 엮으며 확대하는 방법이 있다.

1) 토론 영어

토론(debate)의 과정을 살펴보면서 토론에 사용되는 영어 표현들을 그물로 하나씩 잡아보자. 먼저 토론하고 싶은 주제를 하나의 명제(statement or proposition)로 만들어낸다. 예를 들어, "Mercy killings should be legalized(안락사는 합법화되어야 한다).""English should be an official language in Korea(영어를 한국의 공용어로 지정해야 한다)."등과 같은 statement를 하나 정한다. 다음, 이 명제를 지지(in favor of)하는 affirmative side, 즉 pro side와 반대(against)하는 negative side, 즉 con side로 그룹을 나눈다. 진행자(moderator)의 토론 규칙 설명에 이어 양측은 정해진 시간 동안 각각의 주장(argument)을 펼친다. 주장 전개가 끝나고 난 후 찬반 양측은 상대방의 주장에 대해서 반박(refute)하는 반론제기(rebuttal)를 한다. 경우에 따라서 찬반 측 대표가 토론 시작 전후에 opening statements와 closing statements를 할 수도 있다. 모든 의견 개진에 시간과 방식을 정해 두고 진행하는 딱딱한 토론에서는 사회자(moderator)의 역할이 제한적이지만 비공식적 토론에서는 사회자가 어느 한 측의 주장에 대해서 고의로 이의를 제기하면서 토론의 분위기를 고조시키는 devil's advocate(악마의 옹호자) 역할을 맡기도 한다. debate가 끝나고 나면 audience vote나 judge의 판결에 따라 승자를 결정한다.

You need to weigh the pros and cons of available options before you make your move.
결정을 내리기 전에 가능한 대안들의 장단점을 충분히 고려해 볼 필요가 있다.

He was asked to serve as the moderator for the morning session.
그는 오전 회의 사회를 맡아 달라는 부탁을 받았다.

He wouldn't join in the argument, but just played devil's advocate.
그는 논쟁에 참여하지 않으려 했고 단지 주장에 대해 의문을 제기하며 토론 분위기를 돋우는 역할을 했다.

2) 법정 용어

법정(courtroom)을 배경으로 하는 소설이나 영화는 드라마틱하다는 점에서 특히 더 흥미로운 듯하다. 법정에서 사용되는 용어들(courtroom jargon)을 꼬리에 꼬리를 물면서 정리해 보자. 피고(defendant/the accused)가 배심원 재판(jury trial: 배심원 없이 판사 앞에서 이루어지는 재판은 court trial 또는 bench trial이라 함)을 희망하는 경우 배심원단(jury), 또는 사건에 따라서 대배심원단(grand jury)이 구성된다. 배심원 재판(jury trial)에서 모든 배심원들(jurors)은 만장일치의 평결을 내리도록(reach a unanimous verdict) 요구된다. 배심원들이 유죄 또는 무죄(guilty/innocent)의 평결을 제출하면 피고는 유죄 확정(conviction) 또는 무죄 석방(acquittal)을 받게 되고, 유죄로 결정된 경우 판사가 형량을 선고(sentence)한다. 유죄 판결을 받고 감옥에 있는 사람, 즉 기결수 또는 죄수를 prisoner 또는 convict(1음절에 강세)라고 하며, 전에 감옥을 다녀온 적이 있는 사람(serve time in prison), 즉 전과자는 ex-convict를 줄여서 ex-con이라고 부른다.

In the U.S., anyone who is allowed to vote can be called to serve on a jury or grand jury.
미국에서는 투표 가능 연령의 사람들은 누구나 배심원 또는 대배심원으로 활동할 의무가 있다.

The jury found the defendant not guilty.
배심원들은 피고에게 무죄를 선고했다.

211

The jury failed to reach a verdict.
배심원들은 유무죄 판결 합의에 실패했다.

He was convicted of first-degree murder.
그는 일급살인죄로 유죄 판결을 받았다.

3) 비행기 여행

비행기를 오래 타면 다리가 붓고 아픈 것을 연상하면서 jet lag(시차증)의 스펠링이 jet leg인 줄 알았다던 동료가 있었다. jet기를 타고 시차(time difference)가 여러 시간 나는 나라를 여행하고 돌아오면 생물학적 시계(biological clock)가 고장이 나서 컴퓨터의 lag 현상처럼 시간의 지연(time lag)을 경험하게 되는데 여기에서 유래한 표현이 바로 jet lag이다. jet-lagged의 형태로 형용사로 사용할 수도 있다. 그런데 economy class에 앉아 장거리 비행(long-haul flight)을 하면 다리가 심하게 붓고 아픈 것도 사실이다. 몇 해 전, 발치 공간(leg room)이 협소한 economy class에 장시간 앉아 있던 한 승객의 다리 정맥에 생긴 응고된 혈액 덩어리인 혈전(blood clot)이 혈류(bloodstream)를 따라 떠돌다가 관상동맥(coronary arteries)을 막아 심장마비(heart attack)를 일으킨 사건이 발생했다. 이로 인해 각종 손해배상 소송에 휘말리게 된 항공사들은 의학적 명칭으로는 심정맥혈전증(Deep Vein Thrombosis, DVT), 일반적으로는 이코노미 클래스 증후군(economy class syndrome)이라 불리는 이 병의 발생을 예방하기 위해 여러 가지 방법을 고안했다. 탑승권에 경고 문구를 넣기도 하고, 승무원들의 시범으로 승객들이 비행 중 단체 체조를 하게 하기도 했다. 굳이 DVT 발병 예방 목적이 아니더라도 장거리 여행을 할 때 기내 엔터테인먼트 시스템(in-flight audio/video on-demand system)과 기내식(in-flight meal)에 정신이 팔려서

좁은 공간에서 꼼짝하지 않고 있는 것은 결코 건강한 선택은 아니다.

A: What's the best way to get over jet lag?
B: For me, taking a hot bath always works.
A: 시차를 극복하는 가장 좋은 방법은 뭘까요?
B: 제 경우에는 뜨거운 물에 목욕하는 게 항상 효과가 있어요.

You must be heavily jet-lagged from the long-haul flight.
장거리 비행 때문에 시차 피로가 심하겠어요.

4) 대량 구매

홈플러스, 이마트, GS마트 등과 같은 대형 할인마트(retail chains, discount stores, large retailers)를 이용하는 주된 이유 중 하나는 동네 슈퍼마켓(mom-and-pop stores, small retailers) 보다 가격이 저렴하다는 것이다. 하지만 저렴한 가격 대신 필요한 수량 이상으로 대량구매(a bulk buy, buy something in bulk)를 하게 되는 경우가 많다. 대량구매 시 제공되는 대량구매할인(bulk discount) 혜택을 받아서 물건을 사는 것이 현명한 투자(smart investment)가 될 수도 있지만 상하기가 쉬운 음식(perishables)의 경우에는 보관을 잘못하거나 계획적으로 사용하지 않으면 상해서(go bad) 먹지도 못하고 버리는(go to waste) 경우가 발생하기 때문에 절약하려 했던 처음 의도와 다른 방향으로 갈 수도 있다.

It's cheaper to purchase goods in bulk.
상품을 대량으로 구입하는 것이 더 저렴하다.

We do not deliver perishable goods such as butter, milk, fruit, and fish.
버터, 우유, 과일, 생선 등과 같이 상하기 쉬운 음식은 배달하지 않습니다.

Don't let the food in the fridge go to waste.
냉장고에 있는 음식이 낭비되지 않도록 해.

5) 도서관 이용

대학 도서관 대출대(circulation desk) 한켠에 보관대(reserve desk)란 사인이 있는 코너가 있다. 대학교수가 개인이 소장한 희귀 서적(rare books)이나 자료들을 학생들이 이용할 수 있도록 한시적으로 보관해 두는 곳이다. 교수나 조교(teaching assistant)가 기간을 정해서 reserve desk에 보관을 해 두면 학생들이 돌아가면서 열람 신청을 하여(request reserve items) 자료를 이용할 수 있다. 보관된 자료들은 보통 room-use only인 경우가 많다. 즉, 도서관 밖으로 대출(check out)이 허용되지 않으며 보관서적용 열람실(reserve reading room)에서 주어진 시간 동안만 읽거나 복사할 수 있다.

The reserve desk is at the circulation desk on the first floor.
보관대는 1층 대출대에 위치해 있다.

How many books can I check out at a time?
한 번에 몇 권까지 대출이 가능한가요?

Books in the Rare Book Room can be made accessible by appointment only.
희귀서적실에 있는 도서들은 예약을 통해서만 이용할 수 있다.

TIP 3

유사한 단어는 끼리끼리 모아서 정리하자.

1) beard, mustache, whiskers, goatee

털(hair)은 자라는 위치에 따라서 이름도 다르다. 콧수염은 mustache(영국식 스펠링은 moustache), 턱수염은 beard, 구레나룻은 whiskers, 짧은 구레나룻의 경우 sideburns라고도 한다. 턱밑에 뾰족하게(pointed) 짧게 몇 가닥 나 있는 염소수염은 goatee라고 한다. 아침에 면도를 하고 나가도 오후가 되면 수염이 벌써 자라서 턱 주위가 거뭇거뭇해 보이는 남자들이 있는데 이를 오후 5시경 생기는 그림자 five o'clock shadow라고 표현한다.

A: Who's that guy with lots of facial hair?
B: That's hairy Harry.
A: 저 얼굴이 온통 털로 덮인 남자는 누구야?
B: 응, 털보 해리야.

I think you need to trim your mustache.
콧수염 손질 좀 하지 그래.

I don't get why you're growing a beard.
도대체 턱수염은 왜 기르는 거야?

His beard grows so fast that he gets a five o'clock shadow by noon.
그 사람은 수염이 너무 빨리 자라서 정오만 되면 벌써 거뭇거뭇해진다니까.

2) congress, parliament, national assembly

국가마다 입법부(legislative branch)인 의회를 부르는 명칭이 다르다. 나라별 명칭을 정확하게 모를 때 무난하게 사용할 수 있는 단어는 parliament이다. parliament는 프랑스어 'parler(말하다)' 동사에서 유래한 단어로 주로 영국 정치 전통인 웨스트민스터 시스템(Westminster system)을 따르는 국가들의 의회 명칭에 사용되고 있다. 이름의 유래에 걸맞게 영국 하원(House of Commons)의 회의 모습을 보면 중앙에 놓인 탁자 양쪽에 붉은색 소드 라인(sword line)이 그어져 있고 여야 의원들은 라인 뒤쪽에 놓인 의자에 마주보고 앉아 치열하게 토론을 진행한다. 두 자루의 칼 길이 정도 되는 폭을 가진 sword line은 칼을 들고 다녔던 시절에 토론이 격해져서 라인 뒤쪽에 서서 칼을 휘두르더라도 상대편 의원들이 해를 입지 않도록 간격을 두게 된 데서 유래되었다고 한다. 최근 한국 국회에서 의원간 폭력사태가 재현되면서 소드 라인을 그어놓고 상대 진영으로 절대 건너가지 않는 영국 의회의 건전한 토론 문화가 한국 언론에 보도되기도 했다. 한국 국회는 National Assembly라고 부르는데 이는 한국 헌법에서 의회를 칭하는 단어인 국회(國會)를 영어로 그대로 옮긴 (national[국] assembly[회]) 명칭이다. 사실 national assembly는 프랑스 대혁명기인 1789년에 최초로 소집되어 지금까지 이어지고 있는 프랑스 하원의 불어 명칭 assemblee nationale를 영어로 옮긴 표현으로 프랑스의 식민지를 지낸 국가에서 주로 사용되고 있다. 양원제(bicameral system)를 채택하고 있는 미국 의회는 상원인 Senate, 하원인 House of Representatives를 합쳐서 Congress라고 부르는데 이는 미국 의회가 1774년에 처음 소집된 대륙의회(Continental Congress)에서 기원했기 때문이다. congress는 어원상 con(together)+gress(go), 즉 '함께 모이다'란 의미를 지니고 있다. 일본 헌법도 우리나라의 경우와 같이 의회를 국회(國會)로 부르고 있으며 영어로는 Diet(소문자로 쓰지 않도록 유의)라고 한다. 그 이유는 일본 국회가 독일의 제국의회를 뜻하는 Reichstag, 영어로는 Imperial Diet에서 착안되었기 때문이다.

3) black sheep, outcast, pariah, rogue

검은색 털(black coat)을 가진 양을 본 적은 없겠지만 적어도 영어 표현에는 존재한다. black sheep이라고 하면 가족이나 어떤 그룹 내에서 명예를 실추시키거나 수치심을 일으키는 실패자로 여겨지는 존재를 말한다. 학교나 사회에서 친구나 동료들에 의해 수용되지 못하고 버림받은 사람(cast out)은 outcast라고 하는데 학교'짱'들(school bully)에 의해 의도적으로 고립되는'왕따'를 의미하기도 한다. 국제사회에서도 일반적으로 정해진 행동 기준(international norms of behavior)을 따르지 않고 제멋대로 굴다가 왕따 취급을 받는 국가들이 있는데 이들을 pariah (states)라고 한다. 말썽을 일으켜 pariah 국가로 취급받는 나라들을 다른 표현으로 rogue states, 즉 악당국가라고 부르기도 한다. black sheep, outcast, pariah, rogue의 공통점(something in common)은 모두가 troublemaker라는 것이다.

My brother is the black sheep of the family.
우리 오빠는 우리 가족들 사이에 미운오리새끼 같은 존재야.

I didn't expect him to grow to be a social outcast.
그가 자라서 사회적 왕따가 될 줄 몰랐다.

North Korea is treated as a pariah state in the international community.
북한은 국제사회에서 왕따로 취급되고 있다.

The proliferation of WMD by rogue states poses a serious threat to the global security.
악당국가들에 의한 대량살상무기 확산은 세계 안보에 심각한 위협을 제기한다.

TIP 4

애매하면 일단 -er을 붙이고 볼까?

1) 아주 유용한 -er

책, 영화, 음반 등이 시간이 흐르면서 사람들의 입소문을 타고(by word of mouth) 인기를 끌게 되는 경우 sleeper라고 부르는 걸 들어보았을 것이다. 잠자고 있다가(dormant), 어느 순간 임계점(critical mass, tipping point)을 통과하면서 말 그대로 '자고 일어나니 유명해져 있는' 상황을 묘사하는 표현인 것이다. sleeper의 예와 같이 익숙한 동사에 접미사 -er을 붙이면 손쉽게 아주 유용한 표현들이 탄생하는데 몇 가지 예를 좀더 살펴보자. 재능이 늦게 나타나는 대기만성 타입의 사람을 가리켜 late bloomer(sleeper라고도 함), 영화를 자주 보러 다니는 사람을 movie-goer, 교회에 다니는 사람은 church-goer, 콘서트 가는 것을 좋아하는 사람은 concert-goer, 장래가 촉망되는 사람은 up-and-coming이란 형용사에서 파생된 up-and-comer라는 표현으로 묘사한다. up-and-comer는 이미 자리를 잡은 기성 (established) 작가, 화가, 정치인 등과 대조적으로 앞으로 전도 유망한 커리어(promising career)를 펼칠 것으로 기대되는 사람들을 가리킨다. 비즈니스 용어에서는 시장에 다른 기업보다 먼저 진출한 회사를 가리켜 first mover라고 하며 그들만이 누리는 이점, 즉 '선점효과'는 first mover advantage라고 한다. 후발주자는 latecomer, 그리고 선발주자를 재빠르게 모방하면서 추격하는 기업이나 국가를 fast follower라고 한다.

That movie was the year's sleeper.
저 영화는 그 해 후반기에 갑자기 인기를 끌었던 작품이었다.

(cf. I didn't hear any noise. I'm a heavy/sound sleeper.)
나는 잠을 깊이 자는 편이라 아무 소음도 듣지 못했다.

I'm not so much a couch potato as a movie-goer.
나는 집에 앉아 TV만 보는 것 보다는 영화관에 가는 걸 좋아한다.

She is an up-and-comer in the music scene.
그녀는 장래가 촉망되는 음악가이다.

He is a passionate sit-com watcher, an avid movie-goer and a heavy internet user.
그를 소개하자면 열성적인 시트콤 팬에, 영화광에다가, 인터넷 중독자이다.

2) He is a rumor monger.

거래상인(trader, dealer)을 뜻하는 라틴어 mango에서 유래한 단어 monger는 주로 복합어를 이루어 사용된다. 생선을 파는 생선 장수는 fishmonger, 철물을 파는 철물상, 또는 철물점은 ironmonger(미국 영어에서는 hardware store, hardware dealer라고 함)라고 한다. 눈에 보이지 않는 것을 팔려는 사람이나 유언비어를 유포하는 사람은 rumormonger 또는 gossipmonger라고 하고 전쟁을 일으키기를 좋아하는 전쟁광, 주전론자는 warmonger라고 한다.

I bought a nice piece of cod from the fishmonger to cook fish & chips.
나는 fish & chips 요리를 위해서 생선 장수로부터 대구 한 토막을 샀어.

A rumormonger refers to a person who likes to spread rumors.
rumormonger는 루머를 퍼뜨리기 좋아하는 사람을 뜻한다.

The hawkish leader is often criticized for his warmongering speeches.
그 강경파 지도자는 전쟁을 주장하는 발언으로 종종 비판의 대상이 된다.